The VOCA⁺ BULARY

완전 개정판

1

넥서스영어교육연구소 지음

NEXUS Edu

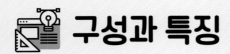

구성과 특징

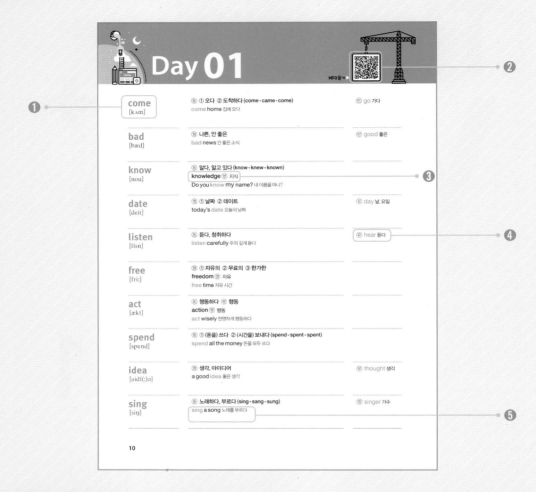

❶ **학년별로 꼭 알아야 하는 교육부 권장 표제어**
Day마다 20개의 단어를 학습하며 30일 동안 완벽하게 끝내는 필수 어휘

❷ **생생한 단어 MP3 듣기용 QR 코드**
내 폰으로 바로 스캔만 하면 원어민의 목소리가 귀에 쏙쏙 들어와 암기력 강화

❸ **문어발도 부럽지 않은 완전 확장 어휘**
표제어와 함께 암기하는 명사, 동사, 형용사, 부사 등의 핵심 파생어까지 학습

❹ **학교 내신까지 확실하게 대비하는 유의어/반의어/참고 어휘**
뜻이 비슷하거나 반대의 단어와 그 밖에 꼭 알아야 할 단어도 가뿐하게 암기

❺ **표제어 핵심 뜻을 문장에서 확인하는 실용 예문**
표제어의 핵심 뜻을 적용한 예문을 제시하여 문장 속에서 어휘 쓰임 확인

일러두기

명 명사　　대 대명사　　동 동사　　형 형용사　　부 부사

전 전치사　　접 접속사　　복 복수형

유 유의어　　반 반의어　　참 참고 어휘

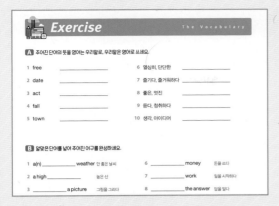

Exercise

Day별 학습이 끝나고 꼭 풀어야 할 1차 복습 확인 문제,
틀린 문제는 이 단계에서 바로 꼼꼼히 암기

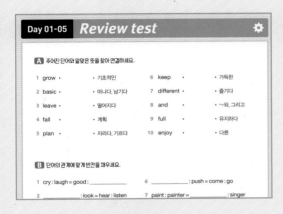

Review Test

Day 학습이 5개씩 끝날 때마다 만날 수 있는 총정리 문제,
내신 대비를 위한 확실한 마무리

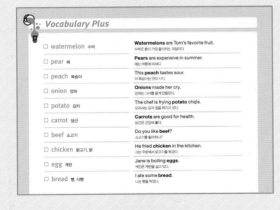

Vocabulary Plus

단어장 속의 단어장, 내신과 각종 영어 시험 대비를 위한
비법 어휘 60개

온라인 VOCA TEST

교재 학습이 끝났다면 이제 온라인으로 마지막 복습
책에 등장하지 않은 문제를 추가로 풀어보는 온라인 테스트
(www.nexusEDU.kr)

단어 MP3 듣기 파일

교재 QR 코드를 스캔하거나 홈페이지(www.nexusbook.com)에 접속해서 무료 다운로드

🎙 목차

| Chapter 01

| Chapter 02

Chapter 05

Chapter 06

Chapter 01

Day 01
~
Day 05

come
[kʌm]
동 ① 오다 ② 도착하다 (come - came - come)
come home 집에 오다
반 go 가다

bad
[bæd]
형 나쁜, 안 좋은
bad news 안 좋은 소식
반 good 좋은

know
[nou]
동 알다, 알고 있다 (know - knew - known)
knowledge 명 지식
Do you know my name? 내 이름을 아니?

date
[deit]
명 ① 날짜 ② 데이트
today's date 오늘의 날짜
유 day 날, 요일

listen
[lísn]
동 듣다, 청취하다
listen carefully 주의 깊게 듣다
유 hear 듣다

free
[fri:]
형 ① 자유의 ② 무료의 ③ 한가한
freedom 명 자유
free time 자유 시간

act
[ækt]
동 행동하다 명 행동
action 명 행동
act wisely 현명하게 행동하다

spend
[spend]
동 ① (돈을) 쓰다 ② (시간을) 보내다 (spend - spent - spent)
spend all the money 돈을 모두 쓰다

idea
[aidí(:)ə]
명 생각, 아이디어
a good idea 좋은 생각
유 thought 생각

sing
[siŋ]
동 노래하다, 부르다 (sing - sang - sung)
sing a song 노래를 부르다
참 singer 가수

start
[stɑːrt]

동 시작하다, 출발하다
start laughing 웃기 시작하다

유 begin 시작하다

---

nice
[nais]

형 좋은, 멋진, 훌륭한
The weather is nice. 날씨가 좋아요.

유 good 좋은

---

enjoy
[indʒɔ́i]

동 즐기다, 즐거워하다
enjoyable 형 즐거운
enjoy a trip 여행을 즐기다

---

mountain
[máuntən]

명 산, 산지
climb a mountain 등산하다

참 hill 언덕

---

cry
[krai]

동 울다 (cry - cried - cried)
cry loudly 큰소리로 울다

반 laugh 웃다

---

fall
[fɔːl]

동 ① 떨어지다 ② 넘어지다 (fall - fell - fallen)
fall down the stairs 계단에서 넘어지다

유 drop 떨어지다

---

hard
[hɑːrd]

부 열심히 형 ① 단단한 ② 어려운
study hard 열심히 공부하다

유 tough 어려운

---

paint
[peint]

동 ① 칠하다 ② 그리다
painter 명 화가
paint a fence 울타리를 칠하다

---

see
[siː]

동 ① 보다 ② 알다 (see - saw - seen)
see a movie 영화를 보다

유 look 보다

---

town
[taun]

명 읍, 마을
the center of town 마을의 중심지

유 village 마을

A 주어진 단어의 뜻을 영어는 우리말로, 우리말은 영어로 쓰세요.

1 free   _____
2 date   _____
3 act   _____
4 fall   _____
5 town   _____

6 열심히, 단단한   _____
7 즐기다, 즐거워하다   _____
8 좋은, 멋진   _____
9 듣다, 청취하다   _____
10 생각, 아이디어   _____

B 알맞은 단어를 넣어 주어진 어구를 완성하세요.

1 a(n) _____ weather   안 좋은 날씨
2 a high _____   높은 산
3 _____ a picture   그림을 그리다
4 _____ back   돌아오다
5 _____ beautifully   아름답게 노래하다

6 _____ money   돈을 쓰다
7 _____ work   일을 시작하다
8 _____ the answer   답을 알다
9 _____ a play   연극을 보다
10 want to _____   울고 싶다

C 알맞은 단어를 골라 문장을 완성하세요.

1 We (fall / enjoy) playing soccer.   우리는 축구하는 것을 즐긴다.
2 Have a (nice / hard) day.   좋은 하루 보내세요.
3 What's the (town / date) today?   오늘이 며칠이죠?
4 Mike has a (free / bad) habit.   마이크는 나쁜 습관이 있다.
5 Let's (sing / listen) one more time.   한 번 더 들어 봅시다.

정답 p.118

call
[kɔːl]

동 ① 부르다 ② 전화하다 명 전화
call a taxi 택시를 부르다

---

top
[tɑp]

명 ① 정상, 꼭대기 ② 위
the top of a mountain 산의 정상

반 bottom
바닥, 아래

---

art
[ɑːrt]

명 예술, 미술
artist 명 예술가, 화가
study art at school 학교에서 미술을 공부하다

---

get
[get]

동 ① 얻다 ② 받다, 가지다 (get - got - gotten)
get a good grade 좋은 점수를 얻다

---

go
[gou]

동 가다, 출발하다 (go - went - gone)
Let's go to school. 학교에 가자.

반 come 오다

---

picture
[píktʃər]

명 사진, 그림
take a picture 사진을 찍다

유 photograph
사진

---

fat
[fæt]

형 살찐, 뚱뚱한
a fat boy 뚱뚱한 소년

반 thin 마른

---

basic
[béisik]

형 기초적인, 기본적인
base 명 기초
basic rule 기본 원칙

---

have
[həv]

동 가지다, 소유하다 (have - had - had)
have many friends 많은 친구들이 있다

유 own 소유하다

---

map
[mæp]

명 지도, 약도
a world map 세계 지도

---

day
[dei]

명 ① 하루 ② 날 ③ 요일
daily 형 매일의
What day is it today? 오늘이 무슨 요일이니?

유 date 날짜

open
[óupən]

동 열다 형 열린
open the door 문을 열다

반 close 닫다

fruit
[fru:t]

명 과일, 열매
fresh fruit 신선한 과일

참 vegetable 야채

camp
[kæmp]

명 ① 야영지 ② 캠프, 야영
camper 명 야영객
a summer camp 여름 캠프

like
[laik]

동 좋아하다, 즐기다
Do you like pizza? 피자를 좋아하니?

반 dislike 싫어하다

movie
[mú:vi]

명 영화
a famous movie star 유명한 영화배우

유 film 영화

dance
[dæns]

동 춤추다 명 춤, 무용, 댄스
dancer 명 무용수, 댄서
dance to the music 음악에 맞춰 춤을 추다

o'clock
[əklák]

부 ~시
at ten o'clock 10시에

keep
[ki:p]

동 ① (상태를) 유지하다 ② 계속하다 (keep - kept - kept)
keep a secret 비밀을 지키다

ship
[ʃip]

명 배, 선박
a cruise ship 유람선

유 boat
보트, 작은 배

Exercise

A 주어진 단어의 뜻을 영어는 우리말로, 우리말은 영어로 쓰세요.

1 fat _____

2 camp _____

3 get _____

4 map _____

5 top _____

6 하루, 날, 요일 _____

7 (상태를) 유지하다 _____

8 사진, 그림 _____

9 과일, 열매 _____

10 열다, 열린 _____

B 알맞은 단어를 넣어 주어진 어구를 완성하세요.

1 _____ knowledge   기본적인 지식

2 a(n) _____ class   무용반

3 a(n) _____ gallery   미술관

4 _____ baseball   야구를 좋아하다

5 _____ the police   경찰을 부르다

6 before ten _____   10시 전에

7 _____ a new car   새 차를 가지고 있다

8 a(n) _____ theater   영화관

9 a(n) _____'s captain   배의 선장

10 _____ shopping   쇼핑을 가다

C 알맞은 단어를 골라 문장을 완성하세요.

1 Look at the (art / picture) on the wall.   벽에 있는 사진 좀 봐.

2 Please (call / keep) again.   다시 전화해 주세요.

3 I want to be a (movie / map) director.   나는 영화감독이 되고 싶다.

4 Can you (go / open) the window?   창문 좀 열어 주실래요?

5 Two (fat / basic) men are eating sandwiches.   뚱뚱한 두 남자가 샌드위치를 먹고 있다.

정답 p.118 ➡

Day 03

MP3 듣기 ▶

cut [kʌt]	통 자르다, 베다 (cut - cut - cut) cut paper 종이를 자르다	유 slice 얇게 자르다
eat [iːt]	통 먹다, 식사하다 (eat - ate - eaten) eat delicious food 맛있는 음식을 먹다	유 have 먹다
home [houm]	명 집, 가정 arrive at home 집에 도착하다	유 house 집
old [ould]	형 ① 나이 든 ② 오래된, 낡은 an old lady 나이 든 여인	반 young 젊은
use [juːz]	통 사용하다 명 사용 useful 형 유용한 Can I use your phone? 전화 좀 써도 될까요?	
key [kiː]	명 열쇠 a car key 자동차 열쇠	참 lock 자물쇠
fast [fæst]	형 빠른 부 빨리 a fast car 빠른 차	반 slow 느린
ask [æsk]	통 ① 묻다, 질문하다 ② 부탁하다 ask about the schedule 일정에 대해 묻다	반 answer 대답하다
basket [bǽskit]	명 바구니 a shopping basket 장바구니	참 cart 수레
give [giv]	통 주다, 제공하다 (give - gave - given) give a present 선물을 주다	반 take 받다, 취하다

full
[ful]

(형) ① 가득한 ② 배가 부른
The glass is full of water. 유리잔이 물로 가득 차 있다.

(반) empty
빈, 비어 있는

---

money
[mʌ́ni]

(명) 돈
make money 돈을 벌다

(유) cash 현금

---

sell
[sel]

(동) 팔다, 팔리다 (sell - sold - sold)
sell a house 집을 팔다

(반) buy 사다

---

rich
[ritʃ]

(형) 부유한, 부자의
get rich 부자가 되다

(반) poor 가난한

---

think
[θiŋk]

(동) 생각하다 (think - thought - thought)
thought (명) 생각, 사고
think carefully 신중하게 생각하다

---

catch
[kætʃ]

(동) 잡다, 붙들다 (catch - caught - caught)
catch a ball 공을 잡다

(반) throw 던지다

---

deep
[di:p]

(형) 깊은
depth (명) 깊이
a deep river 깊은 강

---

meat
[mi:t]

(명) 고기, 육류
a piece of meat 고기 한 점

(참) fish 물고기, 생선

---

grow
[grou]

(동) ① 자라다 ② 기르다 (grow - grew - grown)
growth (명) 성장
grow vegetables 야채를 재배하다

---

little
[lítl]

(형) ① 작은 ② 어린
a little girl 어린 소녀

(유) small 작은

A 주어진 단어의 뜻을 영어는 우리말로, 우리말은 영어로 쓰세요.

1	rich	_____	6	깊은	_____
2	grow	_____	7	자르다, 베다	_____
3	full	_____	8	열쇠	_____
4	ask	_____	9	고기, 육류	_____
5	use	_____	10	팔다, 팔리다	_____

B 알맞은 단어를 넣어 주어진 어구를 완성하세요.

1 _____ habits   오래된 습관

2 need _____   돈이 필요하다

3 _____ a question   질문을 하다

4 _____ a thief   도둑을 잡다

5 _____ a hamburger   햄버거를 먹다

6 _____ her a present   그녀에게 선물을 주다

7 a(n) _____ man   노인

8 grow _____   빨리 자라다

9 a laundry _____   빨래 바구니

10 _____ of my future   미래에 대해 생각하다

C 알맞은 단어를 골라 문장을 완성하세요.

1 We (grow / give) flowers in the yard.   우리는 정원에서 꽃을 기른다.

2 They (use / ask) questions about many things.   그들은 많은 것에 대해 질문을 한다.

3 My brother walks very (fast / full).   우리 형은 매우 빨리 걷는다.

4 I (sell / use) a dictionary.   나는 사전을 사용한다.

5 She is my (rich / old) friend.   그녀는 나의 오래된 친구이다.

정답 p.118 ➡

Day 04

MP3 듣기 ▶

cute [kjuːt]	⑱ 귀여운 a cute baby 귀여운 아기	㉔ lovely 사랑스러운
time [taim]	⑲ 시간, 때 What do you do in your free time? 여가 시간에 무엇을 하나요?	
shop [ʃɑp]	⑲ 가게, 상점 ⑧ 쇼핑하다 (shop - shopped - shopped) a toy shop 장난감 가게	㉔ store 상점
poor [puər]	⑱ ① 가난한 ② 불쌍한 poor people 가난한 사람들	㉕ rich 부유한
music [mjúːzik]	⑲ 음악 musician ⑲ 음악가 listen to music 음악을 듣다	
run [rʌn]	⑧ 달리다, 뛰다 (run - ran - run) run fast 빨리 달리다	㉓ walk 걷다
air [ɛər]	⑲ ① 공기, 대기 ② 공중 airy ⑱ 바람이 잘 통하는 clean air 깨끗한 공기	
stand [stænd]	⑧ 서다, 서 있다 (stand - stood - stood) stand near him 그의 근처에 서다	㉕ sit 앉다
captain [kǽptən]	⑲ ① 선장 ② 주장 ③ 우두머리 the captain of a team 팀의 주장	㉔ leader 지도자
plan [plæn]	⑲ 계획 ⑧ 계획하다 (plan - planned - planned) make a plan 계획을 세우다	㉔ schedule 일정, 계획

dirty
[də́:rti]

(형) 더러운, 지저분한
dirty dishes 더러운 접시들

(반) clean 깨끗한

---

beach
[bi:tʃ]

(명) 해변
on the beach 해변에서

(유) shore 해변, 해안

---

different
[dífərənt]

(형) 다른
difference (명) 차이
a different idea 다른 생각

(반) same 같은

---

leave
[li:v]

(동) ① 떠나다 ② 남기다 (leave - left - left)
leave a town 마을을 떠나다

(반) arrive 도착하다

---

farm
[fɑ:rm]

(명) 농장 (동) 경작하다
farming (명) 농사
grow up on a farm 농장에서 자라다

---

play
[plei]

(동) ① (경기, 놀이를) 하다 ② 연주하다
player (명) 선수, 참가자
play games 게임을 하다

---

good
[gud]

(형) ① 좋은, 훌륭한 ② 즐거운
good news 좋은 소식

(반) bad 나쁜

---

story
[stɔ́:ri]

(명) ① 이야기 ② (건물의) 층
a true story 실화

---

market
[mɑ́:rkit]

(명) 시장
a fish market 수산 시장

---

fill
[fil]

(동) 채우다, 가득 차다
fill the cup 컵을 채우다

A 주어진 단어의 뜻을 영어는 우리말로, 우리말은 영어로 쓰세요.

1 leave   _____

2 poor   _____

3 shop   _____

4 cute   _____

5 dirty   _____

6 이야기, 층   _____

7 음악   _____

8 달리다, 뛰다   _____

9 좋은, 훌륭한   _____

10 선장, 주장   _____

B 알맞은 단어를 넣어 주어진 어구를 완성하세요.

1 _____ a bowl with water   그릇을 물로 채우다

2 a(n) _____ way   다른 방법

3 _____ by the window   창문 옆에 서다

4 _____ pollution   대기 오염

5 _____ to sleep   잠잘 시간

6 _____ the piano   피아노를 연주하다

7 work on a(n) _____   농장에서 일하다

8 a special _____   특별한 계획

9 walk on the _____   해변에서 걷다

10 a street _____   길거리 시장

C 알맞은 단어를 골라 문장을 완성하세요.

1 My (dirty / different) clothes are under the desk.   내 더러운 옷은 책상 아래에 있다.

2 David raises pigs on the (beach / farm).   데이비드는 농장에서 돼지를 기른다.

3 We bought fresh vegetables at the (market / shop).   우리는 시장에서 신선한 야채를 샀다.

4 Can I (stand / leave) a message?   메시지를 남겨도 될까요?

5 They (play / plan) tennis on weekends.   그들은 주말마다 테니스를 친다.

정답 p.118 ➡

drop
[drɑp]

ⓢ 떨어뜨리다, 떨어지다 (drop - dropped - dropped) ⓟ (한) 방울
drop a book 책을 떨어뜨리다

ⓤ fall 떨어지다

---

enter
[éntər]

ⓢ ① 들어가다 ② 입학하다
enter a room 방에 들어가다

ⓑ exit 나가다

---

food
[fuːd]

ⓟ 음식, 식품
Chinese food 중국 음식

ⓤ dish 요리

---

send
[send]

ⓢ 보내다, 전하다 (send - sent - sent)
send a letter 편지를 보내다

ⓑ receive 받다

---

delicious
[dilíʃəs]

ⓗ 맛있는
a delicious pancake 맛있는 팬케이크

ⓤ yummy 맛있는

---

pay
[pei]

ⓢ 지불하다 (pay - paid - paid)
payment ⓟ 지불
pay by credit card 신용 카드로 지불하다

---

back
[bæk]

ⓐ 되돌아가서 ⓗ 뒤쪽의 ⓟ 등
go back 되돌아가다

ⓑ front 앞쪽의

---

glad
[glæd]

ⓗ 기쁜, 반가운
I'm glad to see you. 만나서 반가워요.

ⓤ pleased 기쁜

---

flower
[fláuər]

ⓟ 꽃
a flower shop 꽃가게

ⓒ plant 식물

---

hate
[heit]

ⓢ 싫어하다, 미워하다
hatred ⓟ 미움, 증오
hate each other 서로 싫어하다

castle
[kǽsl]

ⓜ 성, 성곽
live in a castle 성에 살다

ⓤ palace 궁전

pull
[pul]

ⓓ 끌다, 끌어당기다
pull a door open 문을 당겨서 열다

ⓑ push 밀다

cold
[kould]

ⓗ ① 차가운 ② 추운
It's cold today. 오늘은 춥다.

ⓑ hot 뜨거운, 더운

tower
[táuər]

ⓜ 탑, 타워
the Eiffel Tower 에펠 탑

jump
[dʒʌmp]

ⓓ 뛰다, 뛰어오르다
jump over a fence 울타리를 뛰어넘다

ⓤ hop 깡충 뛰다

long
[lɔ(:)ŋ]

ⓗ 긴
a long coat 긴 코트

ⓑ short 짧은

member
[mémbər]

ⓜ 회원, 일원
membership ⓜ 회원의 자격, 멤버십
a member of the club 동아리 회원

rock
[rɑk]

ⓜ 바위, 암석
a hard rock 단단한 암석

ⓤ stone 돌

practice
[prǽktis]

ⓓ 연습하다, 훈련하다
practice the piano 피아노 연습을 하다

and
[ænd]

ⓒ ① ~와, ~하고 ② 그리고
an apple and a banana 한 개의 사과와 바나나

ⓒ but 하지만

A 주어진 단어의 뜻을 영어는 우리말로, 우리말은 영어로 쓰세요.

1 hate _____
6 맛있는 _____

2 enter _____
7 떨어뜨리다 _____

3 back _____
8 기쁜, 반가운 _____

4 long _____
9 끌다, 끌어당기다 _____

5 cold _____
10 탑, 타워 _____

B 알맞은 단어를 넣어 주어진 어구를 완성하세요.

1 _____ high 높이 뛰다
6 work at a(n) _____ shop 꽃집에서 일하다

2 order some _____ 음식을 주문하다
7 buy a dress _____ a skirt 원피스와 치마를 사다

3 _____ an e-mail 이메일을 보내다
8 _____ a bill 청구서를 지불하다

4 become a(n) _____ 회원이 되다
9 _____ hard 열심히 연습하다

5 build a(n) _____ 성을 짓다
10 sit on a(n) _____ 바위 위에 앉다

C 알맞은 단어를 골라 문장을 완성하세요.

1 Emma and Sam (send / practice) the flute once a week.   엠마와 샘은 일주일에 한 번 플루트를 연습한다.

2 Can you give my phone (back / long) to me now?   지금 내 전화기를 돌려줄 수 있니?

3 We (drop / enter) high school this year.   우리는 올해 고등학교에 입학한다.

4 The princess lived alone in the (castle / tower).   공주는 혼자 성에 살았다.

5 I'm (glad / cold) to hear that.   그 말을 들으니 기뻐요.

정답 p.118

A 주어진 단어와 알맞은 뜻을 찾아 연결하세요.

1 grow · · 기초적인   6 keep · · 가득한

2 basic · · 떠나다, 남기다   7 different · · 즐기다

3 leave · · 떨어지다   8 and · · ~와, 그리고

4 fall · · 계획   9 full · · 유지하다

5 plan · · 자라다, 기르다   10 enjoy · · 다른

B 단어의 관계에 맞게 빈칸을 채우세요.

1 cry : laugh = good : _____   6 _____ : push = come : go

2 _____ : look = hear : listen   7 paint : painter = _____ : singer

3 poor : rich = sit : _____   8 rock : stone = drop : _____

4 same : _____ = dirty : clean   9 empty : _____ = top : bottom

5 basic : base = _____ : depth   10 _____ : knowledge = think : thought

C 알맞은 단어를 넣어 문장을 완성하세요.

1 Rinda _____ a cup on the floor.   린다가 바닥에 컵을 떨어뜨렸다.

2 Each country has _____ cultures and history.   나라마다 다른 문화와 역사가 있다.

3 They _____ much time playing baseball.   그들은 야구를 하느라 많은 시간을 보냈다.

4 Alex _____ his finger in the kitchen.   알렉스는 부엌에서 손가락을 베였다.

5 Can I _____ some information about the class?   수업에 관한 정보를 좀 얻을 수 있을까요?

정답 p.119➡

Vocabulary Plus

☐ watermelon 수박

Watermelons are Tom's favorite fruit.
수박은 톰이 가장 좋아하는 과일이다.

☐ pear 배

Pears are expensive in summer.
배는 여름에 비싸다.

☐ peach 복숭아

This **peach** tastes sour.
이 복숭아는 맛이 시다.

☐ onion 양파

Onions made her cry.
양파는 그녀를 울게 만들었다.

☐ potato 감자

The chef is frying **potato** chips.
요리사는 감자 칩을 튀기고 있다.

☐ carrot 당근

Carrots are good for health.
당근은 건강에 좋다.

☐ beef 소고기

Do you like **beef**?
소고기를 좋아하니?

☐ chicken 닭고기, 닭

He fried **chicken** in the kitchen.
그는 주방에서 닭고기를 튀겼다.

☐ egg 계란

Jane is boiling **eggs**.
제인은 계란을 삶고 있다.

☐ bread 빵, 식빵

I ate some **bread**.
나는 빵을 먹었다.

Check-up Test

1 I bought some _____.
나는 빵을 샀다.

2 Mom bought a(n) _____.
어머니는 수박을 샀다.

3 _____ have a lot of protein.
계란은 많은 단백질을 가지고 있다.

4 I want to eat _____.
나는 복숭아가 먹고 싶다.

5 Dad mashed a(n) _____ with a fork.
아버지는 포크를 가지고 감자를 으깼다.

정답 p.119

Chapter 02

Day 06
~
Day 10

Day 06

MP3 듣기 ▶

tell [tel]	동 말하다, 이야기하다 (tell - told - told) Tell me about your family. 가족에 대해 말해 보세요.	유 talk 말하다
chance [tʃæns]	명 ① 기회 ② 가능성 a good chance 좋은 기회	
all [ɔːl]	형 모두의, 전부의 대 모두, 전체 all kinds of 모든 종류의	유 whole 모든, 전부의
move [muːv]	동 ① 움직이다 ② 이사하다 **movement** 명 움직임, 동작 move slowly 천천히 움직이다	
test [test]	명 시험, 검사 take a test 시험을 보다	유 exam 시험 (examination)
join [dʒɔin]	동 ① 가입하다 ② 참가하다 join a club 동아리에 가입하다	유 participate 참여하다
with [wið]	전 ① ~와 함께 ② ~을 사용하여 live with my parents 부모님과 함께 살다	반 without ~없이
bath [bæθ]	명 목욕 **bathe** 동 목욕하다 take a bath 목욕하다	
kid [kid]	명 아이, 어린이 a little kid 어린아이	유 child 어린이
funny [fʌni]	형 우스운, 재미있는 **fun** 명 재미, 즐거움 funny stories 재미있는 이야기	

letter
[létər]

⑲ 편지
write a letter 편지를 쓰다

⑳ mail 우편(물)

short
[ʃɔːrt]

⑱ ① 짧은 ② 키가 작은
a short tree 키가 작은 나무

⑫ long 긴

stove
[stouv]

⑲ 난로, 스토브
a gas stove 가스난로

⑭ heater 난로

try
[trai]

⑯ 시도하다, 노력하다
trial ⑲ 시도
try one's best 최선을 다하다

fail
[feil]

⑯ ① 실패하다 ② (시험에) 떨어지다
failure ⑲ 실패
fail the test 시험에 떨어지다

⑫ succeed
성공하다

half
[hæf]

⑲ ① 반, 1/2 ② 30분
a half of an apple 사과의 반쪽

⑳ quarter 1/4

expensive
[ikspénsiv]

⑱ 비싼, 고가의
This is an expensive house. 이것은 비싼 집이다.

⑫ cheap 값이 싼

die
[dai]

⑯ 죽다, 사망하다
die of disease 병들어 죽다

⑫ live 살다

police
[pəlíːs]

⑲ 경찰
a police station 경찰서

⑳ thief 도둑

cool
[kuːl]

⑱ 시원한, 서늘한
cool weather 서늘한 날씨

⑫ warm 따뜻한

A 주어진 단어의 뜻을 영어는 우리말로, 우리말은 영어로 쓰세요.

1 join _____

2 short _____

3 try _____

4 kid _____

5 die _____

6 난로, 스토브 _____

7 시험, 검사 _____

8 반, 1/2 _____

9 우스운 _____

10 실패하다 _____

B 알맞은 단어를 넣어 주어진 어구를 완성하세요.

1 have a(n) _____ 목욕을 하다

2 _____ a desk 책상을 옮기다

3 receive a(n) _____ 편지를 받다

4 _____ clothes 비싼 옷

5 _____ a friend 친구와 함께

6 _____ around the world 전 세계에

7 miss a(n) _____ 기회를 놓치다

8 _____ a lie 거짓말을 하다

9 a(n) _____ place 시원한 곳

10 call the _____ 경찰을 부르다

C 알맞은 단어를 골라 문장을 완성하세요.

1 My parents (tell / join) me interesting stories.

   우리 부모님은 내게 재미있는 이야기를 해 주신다.

2 The (letter / test) was very hard.

   그 시험은 매우 어려웠다.

3 Steve ate a (all / half) of the orange.

   스티브는 오렌지의 반을 먹었다.

4 She draws a picture (with / try) a pen.

   그녀는 펜으로 그림을 그린다.

5 A (stove / kid) is building a sandcastle.

   한 아이가 모래성을 쌓고 있다.

정답 p.119 ➡

buy
[bai]

동 사다, 구입하다 (buy - bought - bought)
buy a present 선물을 사다

반 sell 팔다

---

glass
[glæs]

명 ① 유리 ② 유리잔 ③ 한 잔(컵)
The girl drank a glass of milk. 소녀는 우유 한 잔을 마셨다.

참 glasses 안경

---

new
[nuː]

형 새로운
a new computer 새 컴퓨터

반 old 오래된, 낡은

---

famous
[féiməs]

형 유명한, 잘 알려진
a famous actor 유명한 배우

---

throw
[θrou]

동 ① 던지다 ② 버리다 (throw - threw - thrown)
throw a ball 공을 던지다

반 catch 받다

---

hear
[hiər]

동 듣다, 들리다 (hear - heard - heard)
hear noises 소음이 들리다

유 listen 듣다

---

many
[méni]

형 (수가) 많은, 다수의
many books 많은 책

참 much (양이) 많은

---

pick
[pik]

동 ① 고르다 ② 따다
pick an apple 사과를 따다

유 choose
선택하다

---

shape
[ʃeip]

명 모양, 형태
a strange shape 이상한 모양

유 form 모양

---

bake
[beik]

동 굽다
bakery 명 빵집
bake bread 빵을 굽다

---

power
[páuər]

⑲ 힘
powerful ⑲ 강력한
strong power 강한 힘

㉂ force 힘, 세력

sad
[sæd]

⑲ 슬픈, 애석한
look sad 슬퍼 보이다

㉫ happy 행복한

room
[ru(:)m]

⑲ ① 방 ② 공간
This house has three rooms. 이 집은 방이 3개이다.

㉂ space 공간

often
[ɔ́(:)fən]

⑲ 자주, 흔히, 종종
I often meet my friends. 나는 내 친구들을 자주 만난다.

busy
[bízi]

⑲ 바쁜, 분주한
busily ⑲ 바쁘게
a busy day 바쁜 하루

change
[tʃeindʒ]

⑲ ① 바꾸다 ② 갈아입다 ③ 변하다
change direction 방향을 바꾸다

㉫ keep 유지하다

handsome
[hǽnsəm]

⑲ 잘생긴
a handsome man 잘생긴 남자

㉫ ugly 못생긴

difficult
[dífikʌ̀lt]

⑲ ① 어려운 ② 힘든
a difficult problem 어려운 문제

㉫ easy 쉬운

tall
[tɔːl]

⑲ 키가 큰
a tall woman 키가 큰 여자

㉫ short 키가 작은

lake
[leik]

⑲ 호수
swim in a lake 호수에서 수영하다

㉵ river 강

Exercise

A 주어진 단어의 뜻을 영어는 우리말로, 우리말은 영어로 쓰세요.

1 bake   _____

2 tall   _____

3 glass   _____

4 throw   _____

5 power   _____

6 잘생긴   _____

7 호수   _____

8 고르다, 따다   _____

9 모양, 형태   _____

10 슬픈, 애석한   _____

B 알맞은 단어를 넣어 주어진 어구를 완성하세요.

1 _____ a coat   코트를 사다

2 a(n) _____ test   어려운 시험

3 _____ the news   소식을 듣다

4 a(n) _____ life   바쁜 생활

5 enter the _____   방에 들어가다

6 a(n) _____ dress   새 드레스

7 _____ people   많은 사람들

8 _____ colors   색을 바꾸다

9 _____ eat a salad   샐러드를 자주 먹다

10 a(n) _____ restaurant   유명한 식당

C 알맞은 단어를 골라 문장을 완성하세요.

1 My father is (tall / sad) and handsome.   우리 아빠는 키가 크고 잘생겼다.

2 She wants to (throw / change) her job.   그녀는 직업을 바꾸고 싶어 한다.

3 I took (many / new) pictures with my sister.   나는 여동생과 많은 사진을 찍었다.

4 Anna walked around the (glass / lake).   안나는 호수 주변을 걸었다.

5 Peter (often / busy) goes to school by bus.   피터는 종종 버스를 타고 학교에 간다.

정답 p.119 ➡

Day 08

MP3 듣기 ▶

sit
[sit]

동 앉다, 착석하다 (sit - sat - sat)
sit on a chair 의자에 앉다

반 stand 서다

---

age
[eidʒ]

명 나이, 연령
middle age 중년

---

beautiful
[bjúːtəfəl]

형 아름다운
a beautiful flower 아름다운 꽃

유 pretty 예쁜

---

glove
[glʌv]

명 장갑
The boy needs a baseball glove. 그 소년은 야구 장갑이 필요하다.

---

live
[liv]

동 살다, 거주하다
life 명 삶
live in Seoul 서울에 살다

반 die 죽다

---

number
[nʌ́mbər]

명 ① 숫자 ② 번호
a phone number 전화번호

---

pilot
[páilət]

명 조종사
become a pilot 조종사가 되다

참 airplane 비행기

---

cheap
[tʃiːp]

형 값이 싼, 저렴한
a cheap ticket 값이 싼 표

반 expensive 비싼

---

birthday
[bə́ːrθdèi]

명 생일
birth 명 출생, 탄생
Happy birthday! 생일 축하해!

---

push
[puʃ]

동 밀다
push a shopping cart 쇼핑 카트를 밀다

반 pull 끌어당기다

health
[helθ]

⑲ 건강
healthy ⑱ 건강한; 건강에 좋은
health food 건강식품

---

favorite
[féivərit]

⑱ 매우 좋아하는
His favorite food is ice cream. 그가 가장 좋아하는 음식은 아이스크림이다.

---

want
[wɑnt]

⑧ 원하다, ~하고 싶다
I want to buy this book. 이 책을 사고 싶어요.

⑨ wish 바라다

---

enough
[ináf]

⑱ 충분한 ⑲ 충분히
enough time 충분한 시간

---

dish
[diʃ]

⑲ ① 접시 ② 요리
wash the dishes 설거지를 하다

⑨ plate 접시

---

touch
[tʌtʃ]

⑧ ① 만지다 ② 감동시키다 ⑲ 접촉
Please do not touch the paintings. 미술품에 손대지 마세요.

---

mistake
[mistéik]

⑲ 실수, 잘못
make a mistake 실수를 하다

⑨ error 실수, 오류

---

joy
[dʒɔi]

⑲ 기쁨, 즐거움
joyful ⑱ 기쁨에 찬
to one's joy 기쁘게도

---

shout
[ʃaut]

⑧ 외치다, 소리치다
shout loudly 크게 소리치다

⑨ yell 소리치다

---

towel
[táuəl]

⑲ 수건, 타월
a bath towel 목욕 수건

A 주어진 단어의 뜻을 영어는 우리말로, 우리말은 영어로 쓰세요.

1 touch _____

2 pilot _____

3 shout _____

4 dish _____

5 want _____

6 밀다 _____

7 생일 _____

8 실수 _____

9 매우 좋아하는 _____

10 나이 _____

B 알맞은 단어를 넣어 주어진 어구를 완성하세요.

1 a(n) _____ lady   아름다운 숙녀

2 take care of _____   건강에 유의하다

3 _____ at the desk   책상에 앉다

4 the _____ of students   학생들의 수

5 _____ in London   런던에 살다

6 have _____ money   충분한 돈이 있다

7 lose a(n) _____   장갑 한 짝을 잃어버리다

8 a(n) _____ hotel   값이 싼 호텔

9 sing with _____   기뻐서 노래하다

10 a clean _____   깨끗한 수건

C 알맞은 단어를 골라 문장을 완성하세요.

1 My (cheap / favorite) subject is science.   내가 가장 좋아하는 과목은 과학이다.

2 My parents (want / live) to travel all over the world.   부모님은 전 세계를 여행하고 싶어 하신다.

3 Can you bring me a (touch / towel)?   내게 수건 좀 가져다줄래?

4 Ted made the same (number / mistake) again.   테드는 같은 실수를 반복했다.

5 Do you (live / shout) with your parents?   부모님과 함께 사나요?

정답 p.119 ➡

Day 09

MP3 듣기 ▶

feel [fi:l]	⑧ 느끼다 (feel - felt - felt) feel pain 고통을 느끼다	㉤ sense 느끼다
heart [hɑ:rt]	⑲ ① 심장 ② 마음 heart disease 심장병	㉤ mind 마음
cook [kuk]	⑧ 요리하다 ⑲ 요리사 cook dinner 저녁 요리를 하다	㉤ chef 요리사
price [prais]	⑲ 가격, 값 a high price 높은 가격	㉤ cost 비용, 가격
gold [gould]	⑲ ① 금 ② 금빛 **golden** ⑲ 금빛의; 금으로 된 He won a gold medal. 그는 금메달을 획득했다.	㉝ silver 은
history [hístəri]	⑲ 역사 **historical** ⑲ 역사적인 a history museum 역사박물관	
careful [kɛ́ərfəl]	⑲ 주의 깊은, 조심성 있는 be careful 조심하다	㉠ careless 부주의한
fur [fə:r]	⑲ ① 털 ② 모피 a fur coat 모피 코트	㉝ hair 머리카락, 털
kill [kil]	⑧ 죽이다, 살해하다 kill a shark 상어를 죽이다	㉤ murder 죽이다
minute [minit]	⑲ ① 분 ② 잠깐 wait a minute 잠시 기다리다	㉝ second 초

safe
[seif]

형 안전한
safety 명 안전
a **safe** place 안전한 장소

반 dangerous
위험한

---

balloon
[bəlúːn]

명 풍선
a red **balloon** 빨간 풍선

---

next
[nekst]

형 다음의, 이어지는
next year 다음 해

유 following
다음에 오는

---

prince
[prins]

명 왕자
the Little **Prince** 어린 왕자

참 princess 공주

---

life
[laif]

명 생명, 삶, 인생
live 동 살다
a wonderful **life** 멋진 인생

반 death 죽음

---

travel
[trǽvəl]

동 여행하다 명 여행
travel around 여기저기 여행하다

유 trip 여행

---

but
[bət]

접 그러나, 하지만
The necklace is very nice **but** expensive.
그 목걸이는 아주 괜찮지만 비싸다.

참 and 그리고

---

slow
[slou]

형 느린
slowly 부 느리게
She is as **slow** as a snail. 그녀는 달팽이만큼 느리다.

반 fast 빠른

---

yard
[jɑːrd]

명 뜰, 정원, 마당
play in the **yard** 마당에서 놀다

유 garden 정원

---

point
[pɔint]

명 ① 지점 ② 점수 ③ 요점 동 가리키다
the **point** of a story 이야기의 요점

유 score 점수

Exercise

A 주어진 단어의 뜻을 영어는 우리말로, 우리말은 영어로 쓰세요.

1 cook _____   6 뜰, 정원 _____

2 fur _____   7 심장, 마음 _____

3 gold _____   8 주의 깊은 _____

4 kill _____   9 그러나, 하지만 _____

5 point _____   10 왕자 _____

B 알맞은 단어를 넣어 주어진 어구를 완성하세요.

1 study Korean _____ 한국사를 공부하다   6 school _____ 학교생활

2 for a(n) _____ 잠시 동안   7 pop a(n) _____ 풍선을 터트리다

3 a(n) _____ motion 느린 동작   8 a(n) _____ distance 안전거리

4 the _____ day 다음날   9 _____ in many countries 많은 나라를 여행하다

5 a(n) _____ tag 가격표   10 _____ tired 피곤함을 느끼다

C 알맞은 단어를 골라 문장을 완성하세요.

1 Jessica is a great (fur / cook).   제시카는 훌륭한 요리사이다.

2 A kid is blowing up a (yard / balloon).   한 아이가 풍선을 불고 있다.

3 How do you (feel / kill) today?   오늘 기분이 어떤가요?

4 Suddenly, the (price / prince) changed into a frog.   갑자기 왕자가 개구리로 변했다.

5 Dan started to teach (heart / history) three years ago.   댄은 삼 년 전부터 역사를 가르치기 시작했다.

정답 p.120➡

39

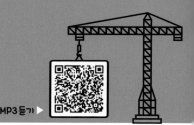
look
[luk]

ⓢ ① 보다 ② 찾다
look outside 밖을 보다

ⓤ see 보다

---

important
[impɔ́ːrtənt]

ⓗ 중요한, 중대한
importance ⓜ 중요성
the most important thing 가장 중요한 것

---

check
[tʃek]

ⓢ 확인하다, 점검하다
check the address 주소를 확인하다

---

stop
[stɑp]

ⓢ 멈추다, 중단하다 (stop - stopped - stopped)
stop crying 울음을 멈추다

ⓑ continue
계속하다

---

ticket
[tíkit]

ⓜ ① 표, 입장권 ② 딱지
buy a ticket 표를 사다

ⓒ parking ticket
주차 위반 딱지

---

ugly
[ʌ́gli]

ⓗ 못생긴, 미운
an ugly duckling 미운 오리새끼

ⓑ handsome
잘생긴

---

gift
[gift]

ⓜ 선물
He bought a gift for me. 그는 나를 위해 선물을 샀다.

ⓤ present 선물

---

plant
[plænt]

ⓜ ① 식물 ② 공장 ⓢ 심다
grow a plant 식물을 기르다

ⓒ animal 동물

---

dark
[dɑːrk]

ⓗ 어두운, 캄캄한
darkness ⓜ 어둠
a dark street 어두운 거리

ⓑ bright 밝은

---

beef
[biːf]

ⓜ 쇠고기
beef steak 쇠고기 스테이크

ⓒ pork 돼지고기

---

show
[ʃou]

⑧ 보여주다 ⑨ 쇼, 공연
show a picture 사진을 보여주다

⑪ performance
공연

hot
[hɑt]

⑱ ① 뜨거운, 더운 ② 매운
hot soup 뜨거운 수프

㉫ cold 차가운, 추운

classroom
[klǽsrù(:)m]

⑨ 교실
We study in the classroom. 우리는 교실에서 공부한다.

㉱ class 학급

angry
[ǽŋgri]

⑱ 화난, 분개한
anger ⑨ 화, 분노
get angry 화를 내다

queen
[kwiːn]

⑨ 여왕
Queen Elizabeth 엘리자베스 여왕

㉱ king 왕

find
[faind]

⑧ 찾다, 발견하다 (find - found - found)
find a bill 지폐를 발견하다

⑪ discover
발견하다

very
[véri]

㉫ 매우, 정말
very nice 매우 좋은

knife
[naif]

⑨ 칼, 나이프
a sharp knife 날카로운 칼

㉱ teaspoon
찻숟가락

draw
[drɔː]

⑧ ① 그리다 ② 끌다 (draw - drew - drawn)
draw a picture 그림을 그리다

⑪ paint 그리다

model
[mádəl]

⑨ ① 모형 ② 모델 ③ 모범
a model airplane 모형 비행기

A 주어진 단어의 뜻을 영어는 우리말로, 우리말은 영어로 쓰세요.

1	model	_____	6	확인하다	_____
2	gift	_____	7	쇠고기	_____
3	dark	_____	8	보여주다	_____
4	queen	_____	9	표, 입장권	_____
5	angry	_____	10	못생긴	_____

B 알맞은 단어를 넣어 주어진 어구를 완성하세요.

1 use a(n) _____ and fork   칼과 포크를 사용하다

2 _____ at the moon   달을 쳐다보다

3 _____ reading a book   책 읽는 것을 멈추다

4 go back to the _____   교실로 돌아가다

5 _____ my glasses   내 안경을 찾다

6 a(n) _____ role   중요한 역할

7 a(n) _____ summer   더운 여름

8 _____ trees   나무를 심다

9 run _____ fast   매우 빨리 달리다

10 _____ a beautiful castle   아름다운 성을 그리다

C 알맞은 단어를 골라 문장을 완성하세요.

1 Amy looks like a (knife / model).   에이미는 모델처럼 보인다.

2 Please (show / check) me the way to the bank.   은행으로 가는 길 좀 알려 주세요.

3 Kelly sent me a birthday (plant / gift) yesterday.   켈리는 어제 내 생일 선물을 보냈다.

4 They eat (ticket / beef) twice a week.   그들은 일주일에 두 번 쇠고기를 먹는다.

5 Are you (ugly / angry) with me?   나한테 화난 거니?

정답 p.120➡

A 주어진 단어와 알맞은 뜻을 찾아 연결하세요.

1 change ·   · 건강   6 price ·   · 목욕

2 health ·   · 풍선   7 busy ·   · 찾다

3 important ·   · 비싼   8 find ·   · 가격, 값

4 balloon ·   · 중요한   9 bath ·   · 충분한

5 expensive ·   · 바꾸다   10 enough ·   · 바쁜, 분주한

B 단어의 관계에 맞게 빈칸을 채우세요.

1 move : movement = _____ : life

2 handsome : _____ = careful : careless

3 gift : present = choose : _____

4 expensive : cheap = _____ : easy

5 _____ : trip = room : space

6 dark : darkness = _____ : safety

7 slow : fast = _____ : old

8 score : _____ = want : wish

9 die : death = _____ : failure

10 shape : form = plate : _____

C 알맞은 단어를 넣어 문장을 완성하세요.

1 Amy looks nice with _____ hair.   에이미는 짧은 머리가 잘 어울린다.

2 The nice hotels are around the _____.   멋진 호텔들이 호수 주변에 있다.

3 Simon is a very skilled _____.   사이먼은 매우 숙련된 조종사이다.

4 The animal provides warm _____ for people.   그 동물은 사람들에게 따뜻한 털을 제공한다.

5 The bus does not _____ here.   그 버스는 여기서 정차하지 않습니다.

정답 p.120➡

Vocabulary Plus

☐ lion 사자

The **lion** is the king of the animals.
사자는 동물의 왕이다.

☐ bear 곰

I saw a **bear** in the national park.
나는 국립공원에서 곰을 봤다.

☐ monkey 원숭이

The **monkey** is a smart animal.
원숭이는 영리한 동물이다.

☐ elephant 코끼리

The **elephant** has a big nose.
코끼리는 큰 코를 가지고 있다.

☐ rabbit 토끼

The **rabbit** has big ears.
토끼는 큰 귀를 가지고 있다.

☐ horse 말

He rode a **horse**.
그는 말을 탔다.

☐ sheep 양

The **sheep** has soft fur.
양은 부드러운 털을 가지고 있다.

☐ duck 오리

He raised **ducks** in the farm.
그는 농장에서 오리를 사육했다.

☐ cat 고양이

Emma wants to keep a **cat**.
엠마는 고양이를 키우고 싶어 한다.

☐ dolphin 돌고래

They studied **dolphins**.
그들은 돌고래를 연구했다.

✎ Check-up Test

1 The _____ is very fast.
말은 매우 빠르다.

2 The _____ is very heavy.
코끼리는 매우 무겁다.

3 The _____ can swim well.
오리는 수영을 잘한다.

4 He doesn't like _____
그는 고양이를 좋아하지 않는다.

5 The boy's job is to feed _____.
그 소년의 일은 양을 먹이는 것이다.

정답 p.120 ➡

44

Chapter 03

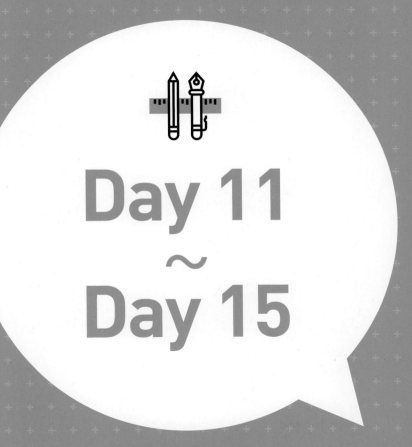

Day 11
~
Day 15

Day 11

house
[haus]
ⓔ 집, 주택
Welcome to my house. 우리 집에 오신 것을 환영해요.
ⓤ home 집, 가정

swim
[swim]
ⓓ 수영하다, 헤엄치다 (swim - swam - swum)
swimming ⓔ 수영
swim in the river 강에서 수영하다

child
[tʃaild]
ⓔ 아이, 어린이
children ⓟ 아이들
a child of seven 7살배기 아이
ⓤ kid 아이

big
[big]
ⓗ 큰
a big animal 큰 동물
ⓩ small 작은

joke
[dʒouk]
ⓔ 농담, 장난
make a joke 농담을 하다

bite
[bait]
ⓓ 물다 (bite - bit - bitten) ⓔ 한 입
have a bite 한 입 베어 먹다

quick
[kwik]
ⓗ 빠른, 신속한
quickly ⓑ 빨리, 서둘러
a quick recovery 빠른 회복
ⓤ fast 빠른

animal
[ǽnəməl]
ⓔ 동물
protect wild animals 야생동물을 보호하다
ⓩ plant 식물

list
[list]
ⓔ 목록, 명단
make a list 목록을 작성하다

popular
[pάpjələr]
ⓗ 인기 있는
a popular singer 인기 있는 가수

dictionary
[díkʃənèri]

몡 사전
an English dictionary 영어 사전

---

sick
[sik]

혱 아픈, 병든
She looks sick 그녀는 아파 보인다.

윤 ill 아픈

---

brush
[brʌʃ]

몡 솔, 붓 동 ① 닦다, 솔질하다 ② 빗다
paint with a brush 붓으로 그림을 그리다

---

mail
[meil]

몡 우편 동 (우편으로) 부치다
a mail box 우편함

윤 post 우편물

---

tired
[taiərd]

혱 ① 피곤한 ② 싫증난
I feel tired. 저는 피곤해요.

반 energetic
힘이 넘치는

---

sound
[saund]

몡 소리 동 ① 소리가 나다 ② ~처럼 들리다
the sound of the church bell 교회 종소리

윤 noise 소리, 소음

---

fever
[fí:vər]

몡 (몸의) 열, 발열
have a fever 열이 나다

윤 heat (물체의) 열

---

alone
[əlóun]

혱 ① 혼자의 ② 외로운 뿐 홀로
live alone 혼자 살다

윤 lonely 고독한

---

heaven
[hévən]

몡 천국
go to heaven 천국에 가다(죽다)

반 hell 지옥

---

picnic
[píknik]

몡 소풍
go on a picnic 소풍 가다

Exercise

A 주어진 단어의 뜻을 영어는 우리말로, 우리말은 영어로 쓰세요.

1 sick _____

2 heaven _____

3 alone _____

4 swim _____

5 child _____

6 큰 _____

7 열, 발열 _____

8 농담, 장난 _____

9 소풍 _____

10 빠른, 신속한 _____

B 알맞은 단어를 넣어 주어진 어구를 완성하세요.

1 an express _____ 빠른우편

2 a shopping _____ 쇼핑 목록

3 look _____ 피곤해 보이다

4 _____ my nails 손톱을 물어뜯다

5 use a(n) _____ 사전을 사용하다

6 clean my _____ 집을 청소하다

7 _____ my teeth 이를 닦다

8 make a(n) _____ 소리를 내다

9 become _____ 인기를 얻다

10 a gentle _____ 온순한 동물

C 알맞은 단어를 골라 문장을 완성하세요.

1 We are preparing food for a (heaven / picnic). 우리는 소풍을 위해 음식을 준비하고 있다.

2 Jean didn't go to school because she was (sick / quick). 진은 아팠기 때문에 학교에 가지 않았다.

3 The (joke / child) was playing in the yard. 그 아이는 마당에서 놀고 있었다.

4 He doesn't like traveling (alone / tired). 그는 혼자 여행하는 것을 좋아하지 않는다.

5 I will learn to (brush / swim) in summer. 나는 여름에 수영을 배울 것이다.

정답 p.120 ⇒

Day 12

MP3 듣기 ▶

begin
[bigín]

⑧ 시작하다 (begin - began - begun)
begin soon 곧 시작하다

⑲ end 끝나다

king
[kiŋ]

⑨ 왕
King Arthur 아서 왕

㉗ queen 여왕

heavy
[hévi]

⑲ 무거운
a heavy box 무거운 상자

⑲ light 가벼운

machine
[məʃíːn]

⑨ 기계, 장치
fix a machine 기계를 고치다

goal
[goul]

⑨ ① 목표 ② 득점, 골
have a goal 목표를 가지다

㊌ object 목적

same
[seim]

⑲ 같은, 동일한
the same age 같은 나이

㊌ equal 같은

umbrella
[ʌmbrélə]

⑨ 우산
Take your umbrella. 우산을 가지고 가세요.

win
[win]

⑧ 이기다, 승리하다 (win - won - won)
win a game 게임에서 이기다

⑲ lose 지다

stair
[stɛər]

⑨ 계단
go up the stairs 계단을 올라가다

narrow
[nǽrou]

⑲ (폭이) 좁은
a narrow road 좁은 도로

⑲ wide 넓은

city
[síti]

㈅ 도시
a city life 도시 생활

㈆ country 시골

---

understand
[ʌ̀ndərstǽnd]

㈇ 이해하다, 알다 (understand - understood - understood)
understand the joke 농담을 이해하다

㈈ misunderstand
오해하다

---

seat
[si:t]

㈅ 좌석, 자리
take a seat 자리에 앉다

㈊ chair 의자

---

theater
[θí(:)ətər]

㈅ 극장, 영화관
a movie theater 영화관

㈊ cinema
극장, 영화관

---

fine
[fain]

㈋ 훌륭한, 멋진, 좋은
a fine singer 훌륭한 가수

㈊ excellent 훌륭한

---

dream
[dri:m]

㈅ ① 꿈 ② 희망
have a dream 꿈을 꾸다

㈊ hope 희망

---

stone
[stoun]

㈅ 돌, 바위
throw a stone 돌을 던지다

㈊ rock 바위

---

quiet
[kwáiət]

㈋ 조용한, 한적한
Be quiet! 조용히 해!

㈆ noisy 시끄러운

---

prize
[praiz]

㈅ 상, 상품
the first prize 1등상

---

from
[frəm]

㈌ ① (장소 · 시간) ~에서, ~부터 ② ~ 출신의
from here to there 여기에서 저기까지

Exercise

A 주어진 단어의 뜻을 영어는 우리말로, 우리말은 영어로 쓰세요.

1 seat _____

2 king _____

3 stone _____

4 fine _____

5 from _____

6 시작하다 _____

7 조용한, 한적한 _____

8 (폭이) 좁은 _____

9 무거운 _____

10 꿈, 희망 _____

B 알맞은 단어를 넣어 주어진 어구를 완성하세요.

1 achieve a(n) _____ 목표를 달성하다

2 _____ the contest 대회에서 우승하다

3 go down the _____ 계단을 내려가다

4 live in the _____ 도시에서 살다

5 break a(n) _____ 기계를 고장 내다

6 go to the _____ school 같은 학교에 다니다

7 in front of the _____ 극장 앞에

8 receive a(n) _____ 상을 받다

9 bring a(n) _____ 우산을 가져오다

10 _____ a lesson 수업을 이해하다

C 알맞은 단어를 골라 문장을 완성하세요.

1 My bag is as (find / heavy) as yours. 내 가방은 네 가방만큼 무겁다.

2 The movie will (begin / win) at 8 p.m. 영화는 오후 8시에 시작할 것이다.

3 The princess appeared in my (stone / dream). 공주가 내 꿈에 나타났다.

4 You must be (narrow / quiet) in the library. 도서관에서 조용히 해야 한다.

5 Please stay in your (seats / stairs) during landing. 착륙할 동안 자리에 앉아 주세요.

정답 p.121 ⇒

Day 13

MP3 듣기 ▶

drink
[driŋk]

ⓢ 마시다 (drink - drank - drunk) ⓜ 마실 것, 음료
drink juice 주스를 마시다

---

hole
[houl]

ⓜ 구멍
a hole in the ceiling 천장의 구멍

ⓤ gap
갈라진 틈, 구멍

---

rain
[rein]

ⓢ 비가 오다 ⓜ 비
rain heavily 비가 억수같이 내리다

ⓒ shower 소나기

---

ocean
[óuʃən]

ⓜ 바다, 해양
the Pacific Ocean 태평양

ⓤ sea 바다

---

lazy
[léizi]

ⓗ 게으른, 나태한
laziness ⓜ 게으름
a lazy student 게으른 학생

---

fire
[fáiər]

ⓜ 불, 화재
put out a fire 불을 끄다

---

corner
[kɔ́ːrnər]

ⓜ 구석, 모퉁이
around the corner 모퉁이를 돌아선 곳에

---

make
[meik]

ⓢ 만들다, 제작하다 (make - made - made)
Let's make a cake. 케이크를 만들자.

ⓤ produce
생산하다

---

special
[spéʃəl]

ⓗ 특별한, 특수한
make a special plan 특별한 계획을 세우다

ⓤ particular
특별한

---

work
[wəːrk]

ⓢ 일하다, 근무하다 ⓜ 일, 노동
worker ⓜ 노동자
work at a company 회사에서 일하다

ground
[graund]

⑲ ① 땅 ② 영역
under the ground 땅 밑에

㉣ playground
놀이터

---

meet
[miːt]

⑧ 만나다 (meet - met - met)
meeting ⑲ 회의
Did you meet Mike at the airport? 공항에서 마이크를 만났니?

---

circle
[sə́ːrkl]

⑲ 원, 원형
draw a circle 원을 그리다

㉣ square 네모

---

talk
[tɔːk]

⑧ 말하다, 이야기하다
talkative ⑱ 말이 많은
talk about a book 책에 대해 이야기하다

---

meal
[miːl]

⑲ 식사
have a meal 식사하다

㉣ breakfast
아침 식사

---

tie
[tai]

⑧ 매다, 묶다
tie a ribbon 리본을 묶다

㉠ untie
(묶은 것을) 풀다

---

people
[píːpl]

⑲ 사람들
many people 많은 사람들

㉣ person 사람

---

round
[raund]

⑱ 둥근, 원형의
a round table 둥근 탁자

---

hour
[áuər]

⑲ 한 시간, 시각
for an hour 한 시간 동안

㉣ minute 분

---

smoke
[smouk]

⑲ 연기 ⑧ 담배를 피우다
cigarette smoke 담배 연기

A 주어진 단어의 뜻을 영어는 우리말로, 우리말은 영어로 쓰세요.

1 round _____

2 ground _____

3 hole _____

4 people _____

5 meal _____

6 원, 원형 _____

7 게으른 _____

8 구석, 모퉁이 _____

9 연기 _____

10 특별한, 특수한 _____

B 알맞은 단어를 넣어 주어진 어구를 완성하세요.

1 start to _____ 비가 내리기 시작하다

2 finish the _____ 일을 끝내다

3 a(n) _____ ago 한 시간 전에

4 _____ with him 그와 이야기를 나누다

5 _____ friends 친구를 사귀다

6 _____ something cold 차가운 것을 마시다

7 _____ her today 오늘 그녀를 만나다

8 _____ the shoelaces 신발 끈을 묶다

9 swim in the _____ 바다에서 수영하다

10 afraid of _____ 불을 무서워하는

C 알맞은 단어를 골라 문장을 완성하세요.

1 There is a post office on the (meal / corner).　　모퉁이에 우체국이 있다.

2 I want to do something (special / round) for you.　　너를 위해 뭔가 특별한 것을 하고 싶어.

3 You must not (make / smoke) in public places.　　공공장소에서 담배를 피워선 안 된다.

4 Many (people / hours) go to work by subway.　　많은 사람들이 지하철을 타고 일하러 간다.

5 Draw a (circle / ground) on the paper.　　종이에 원을 그려 보세요.

정답 p.121⇒

study
[stʌ́di]

ⓢ 공부하다 (study - studied - studied) ⓜ 공부
study math 수학을 공부하다

ⓟ learn 배우다

---

island
[áilənd]

ⓜ 섬
a tropical island 열대 섬

---

say
[sei]

ⓢ 말하다 (say - said - said)
say funny things 우스운 소리를 하다

ⓠ tell 말하다

---

mirror
[mírər]

ⓜ 거울
look into a mirror 거울을 들여다보다

---

west
[west]

ⓜ 서쪽 ⓗ 서쪽의 ⓑ 서쪽으로
The sun sets in the west. 해는 서쪽으로 진다.

ⓡ east 동쪽

---

build
[bild]

ⓢ 짓다, 세우다 (build - built - built)
building ⓜ 건물
build a house 집을 짓다

---

pocket
[pákit]

ⓜ 호주머니, 포켓
a jacket pocket 외투의 호주머니

ⓠ pouch
작은 주머니

---

afraid
[əfréid]

ⓗ 두려워하는, 겁내는
Don't be afraid. 겁내지 마.

ⓠ scared 겁내는

---

clerk
[klə:rk]

ⓜ 점원, 직원
a store clerk 상점 점원

ⓡ customer
손님, 고객

---

write
[rait]

ⓢ 쓰다, 적다 (write - wrote - written)
writer ⓜ 작가, 저자
write a letter 편지를 쓰다

fashion
[fǽʃən]

㈐ 유행, 패션
a fashion show 패션쇼

㈜ style 유행

---

shy
[ʃai]

㈑ 수줍은, 부끄러운
Amy is a shy girl. 에이미는 수줍은 소녀이다.

㈎ confident
자신감 있는

---

hang
[hæŋ]

㈐ 매달다, 걸다 (hang - hung - hung)
hang a picture on the wall 그림을 벽에 걸다

㈎ hanger 옷걸이

---

line
[lain]

㈐ 선, 줄
draw a line 선을 긋다

㈎ dot 점

---

taste
[teist]

㈐ (음식을) 맛보다, 맛이 나다 ㈐ 맛
tasty ㈑ 맛있는
taste sweet 단맛이 나다

---

here
[hiər]

㈒ 여기에, 이쪽에서
here and there 여기저기에

㈐ there 저기에

---

terrible
[térəbl]

㈑ ① 끔찍한, 심한 ② 형편없는
terribly ㈒ 몹시
a terrible accident 끔찍한 사고

---

dry
[drai]

㈑ 마른, 건조한 ㈐ 말리다, 건조하다
dry leaves 마른 잎

㈐ wet 젖은

---

rest
[rest]

㈐ 휴식 ㈐ 쉬다, 휴식하다
take a rest 휴식을 취하다

㈜ relax
휴식을 취하다

---

store
[stɔ:r]

㈐ 상점, 가게 ㈐ 저장하다
a grocery store 식료품점

㈎ market 시장

Exercise

A 주어진 단어의 뜻을 영어는 우리말로, 우리말은 영어로 쓰세요.

1 store _____

2 dry _____

3 mirror _____

4 build _____

5 pocket _____

6 유행, 패션 _____

7 끔찍한, 심한 _____

8 매달다, 걸다 _____

9 휴식, 쉬다 _____

10 점원, 직원 _____

B 알맞은 단어를 넣어 주어진 어구를 완성하세요.

1 _____ again   다시 말하다

2 _____ in English   영어로 쓰다

3 below the _____   선 아래에

4 quiet and _____   조용하고 수줍은

5 fly _____   서쪽으로 날아가다

6 visit the _____   섬을 방문하다

7 _____ of snakes   뱀을 무서워하는

8 stay _____   여기에 머물다

9 _____ good   맛이 좋다

10 _____ English   영어를 공부하다

C 알맞은 단어를 골라 문장을 완성하세요.

1 Judy wants to be a (island / fashion) designer.   주디는 패션 디자이너가 되고 싶다.

2 It is a (terrible / afraid) news.   그것은 정말 끔찍한 뉴스이다.

3 You should keep them in a (say / dry) place.   그것들을 건조한 곳에 보관해야 한다.

4 Kate broke the (mirror / clerk) yesterday.   케이트는 어제 거울을 깨트렸다.

5 I put the paper in my (rest / pocket).   나는 그 종이를 내 주머니에 넣었다.

정답 p.121 ⇒

Day 15

MP3 듣기 ▶

hungry
[hʌ́ŋgri]

⑲ 배고픈, 허기진
get hungry 배가 고파지다

® full 배부른

---

drive
[draiv]

⑤ 운전하다 (drive - drove - driven)
driving ® 운전
drive slowly 천천히 운전하다

---

thin
[θin]

⑲ ① 얇은 ② 마른, 여윈
a thin man 마른 남자

® thick 두꺼운

---

visit
[vízit]

⑤ 방문하다 ® 방문
visitor ® 방문객, 손님
visit my uncle 삼촌댁을 방문하다

---

bottle
[bátl]

® 병
a bottle of coke 콜라 한 병

⑼ jar 병, 항아리

---

happy
[hǽpi]

⑲ 행복한, 즐거운
happiness ® 행복
a happy smile 행복한 미소

---

put
[put]

⑤ 놓다, 두다 (put - put - put)
put a book on the table 탁자 위에 책을 놓다

⑼ place
놓다, 위치하다

---

ring
[riŋ]

® 반지 ⑤ (전화가) 울리다 (ring - rang - rung)
a diamond ring 다이아몬드 반지

⑳ necklace
목걸이

---

fight
[fait]

⑤ 싸우다, 다투다 (fight - fought - fought) ® 싸움
fight with my brother 남동생과 다투다

---

today
[tədéi]

® ① 오늘 ② 현재 ⑼ 오늘(은)
today's newspaper 오늘 자 신문

⑳ yesterday 어제

climb
[klaim]

동 오르다, 등반하다
climber 명 등반가
climb a tree 나무에 오르다

office
[5(:)fis]

명 사무실
official 형 직무상의; 공식적인
work at the office 사무실에서 일하다

war
[wɔːr]

명 전쟁
enter a war 참전하다

유 battle 전투

strange
[streindʒ]

형 이상한, 낯선
stranger 명 낯선 사람
a strange voice 이상한 목소리

read
[riːd]

동 읽다 (read - read - read)
read a newspaper 신문을 읽다

참 listen 듣다

year
[jiər]

명 ① 해, 년 ② 나이
yearly 형 매년의, 연 1회의
this year 올해

mad
[mæd]

형 ① 미친 ② 화가 난
get mad 화가 나다

유 crazy 미친

post
[poust]

명 우편(물) 동 (우편물을) 발송하다
a post office 우체국

유 mail 우편

side
[said]

명 옆, (측)면
on the left side 왼쪽 면에

참 surface 표면

great
[greit]

형 ① 큰 ② 훌륭한, 멋진
Susan became a great musician. 수잔은 훌륭한 음악가가 되었다.

유 excellent
훌륭한

Exercise

A 주어진 단어의 뜻을 영어는 우리말로, 우리말은 영어로 쓰세요.

1 year _____

2 great _____

3 side _____

4 fight _____

5 read _____

6 미친, 화가 난 _____

7 사무실 _____

8 배고픈, 허기진 _____

9 우편, 발송하다 _____

10 얇은, 마른 _____

B 알맞은 단어를 넣어 주어진 어구를 완성하세요.

1 _____ a mountain 산을 오르다

2 wear a(n) _____ 반지를 끼다

3 end a(n) _____ 전쟁을 끝내다

4 _____ the box on the desk 책상 위에 상자를 두다

5 _____ a museum 박물관을 방문하다

6 _____ a car 차를 운전하다

7 look _____ 행복해 보이다

8 a(n) _____ feeling 이상한 기분

9 buy a(n) _____ of water 물 한 병을 사다

10 _____'s topic 오늘의 주제

C 알맞은 단어를 골라 문장을 완성하세요.

1 My parents (read / put) newspapers in the morning. 우리 부모님은 아침에 신문을 읽는다.

2 Mike will be a high school student next (side / year). 마이크는 내년에 고등학생이 된다.

3 The woman is tall and (mad / thin). 그 여자는 키가 크고 말랐다.

4 Finally Peter became a (great / strange) artist. 마침내 피터는 훌륭한 예술가가 되었다.

5 Sue opened a new (office / bottle) near my house. 수는 우리 집 근처에 새 사무실을 열었다.

정답 p.121⇒

A 주어진 단어와 알맞은 뜻을 찾아 연결하세요.

1 shy • • 수줍은   6 tie • • 공부하다

2 goal • • 인기 있는   7 bite • • 물다

3 war • • 바다, 해양   8 bottle • • 극장

4 popular • • 전쟁   9 study • • 병

5 ocean • • 목표, 득점   10 theater • • 매다, 묶다

B 단어의 관계에 맞게 빈칸을 채우세요.

1 _____ : wet = narrow : wide

2 rock : stone = _____ : post

3 _____ : hope = special : particular

4 hungry : full = _____ : hell

5 clerk : customer = light : _____

6 tired : energetic = _____ : noisy

7 _____ : worker = visit : visitor

8 win : lose = _____ : thick

9 hole : gap = pouch : _____

10 swim : swimming = _____ : driving

C 알맞은 단어를 넣어 문장을 완성하세요.

1 He enjoys telling a(n) _____ in class.   그는 수업 시간에 농담하는 것을 즐긴다.

2 Freddie took the _____ in a math contest.   프레디는 수학 대회에서 상을 받았다.

3 She is always _____ and inactive.   그녀는 언제나 게으르고 활동적이지 않다.

4 All of us need a change and a(n) _____.   우리 모두는 변화와 휴식이 필요하다.

5 Don't be too _____ at him.   그에게 너무 화내지 마.

정답 p.121➡

Vocabulary Plus

☐ **face** 얼굴   Tom's **face** turned red.
톰의 얼굴은 빨개졌다.

☐ **mouth** 입   His **mouth** is full of food.
그의 입은 음식으로 가득 차 있다.

☐ **lip** 입술   He has thick **lips**.
그의 입술은 두껍다.

☐ **ear** 귀   He has big **ears**.
그는 귀가 크다.

☐ **shoulder** 어깨   I gave her a **shoulder** massage.
나는 그녀에게 어깨 마사지를 해 줬다.

☐ **arm** 팔   The monkey has long **arms**.
원숭이는 긴 팔을 가지고 있다.

☐ **hand** 손   Wash your **hands**.
손을 씻으세요.

☐ **knee** 무릎   My father hurt his **knee**.
우리 아버지는 무릎을 다쳤다.

☐ **foot** 발   Don't move your right **foot**.
오른쪽 발을 움직이지 마세요.

☐ **toe** 발가락   He has a cut on his **toe**.
그는 발가락에 베인 상처가 있다.

Check-up Test

1   My left _____ itches.
나의 왼쪽 팔이 가렵다.

2   He has broad _____.
그는 넓은 어깨를 가지고 있다.

3   Hold your little sister's _____.
여동생의 손을 잡으세요.

4   I have a round _____.
내 얼굴은 둥그스름하다.

5   He is sitting on his _____.
그는 무릎을 꿇고 앉아 있다.

정답 p.122 ⇒

Chapter 04

Day 16
~
Day 20

Day 16

believe
[bilí:v]

동 믿다
belief 명 믿음
believe in miracles 기적을 믿다

---

country
[kʌ́ntri]

명 ① 나라 ② 시골
live in the country 시골에서 살다

유 nation 국가

---

finish
[fíniʃ]

동 끝내다, 끝마치다
finish my homework 숙제를 끝내다

반 start 시작하다

---

memory
[mémэri]

명 기억(력)
memorize 동 외우다, 암기하다
a good memory 좋은 기억력

---

walk
[wɔːk]

동 걷다, 걸어가다 명 산책
walk to school 학교에 걸어가다

참 run 달리다

---

smart
[smɑːrt]

형 영리한, 총명한
a smart student 영리한 학생

유 clever 영리한

---

borrow
[bárou]

동 빌리다
Can I borrow your books? 당신의 책을 빌릴 수 있을까요?

반 lend 빌려주다

---

low
[lou]

형 낮은 부 낮게
a low price 낮은 가격

반 high 높은

---

ride
[raid]

동 타다, 타고 가다 (ride - rode - ridden)
ride a bus 버스를 타다

---

kitchen
[kítʃən]

명 부엌, 주방
a kitchen cabinet 부엌 찬장

참 dining room
식당

---

north
[nɔːrθ]

명 북쪽 형 북쪽의
from north to south 북쪽에서 남쪽으로

반 south 남쪽

class
[klæs]

명 ① 수업 ② 학급, 반
skip a class 수업을 빼먹다

유 lesson 수업

hide
[haid]

동 숨다, 숨기다 (hide - hid - hidden)
hide in a box 상자 속에 숨다

반 seek 찾다

president
[prézidənt]

명 ① 대통령 ② 회장, 사장
the President of Korea 한국의 대통령

유 chairman 회장

early
[ə́ːrli]

형 일찍, 빠른 부 빨리
I wake up early in the morning. 나는 아침 일찍 일어난다.

반 late 늦은

street
[striːt]

명 ① 거리, 길 ② 도로
walk down the street 거리를 걸어가다

유 road 길, 도로

together
[təɡéðər]

부 함께, 같이
sing together 함께 노래하다

silver
[sílvər]

명 은 형 ① 은색의 ② 은으로 만든
gold and silver 금과 은

참 gold 금

high
[hai]

형 높은 부 높이, 높게
a high mountain 높은 산

반 low 낮은

wind
[wind]

명 바람
windy 형 바람이 부는
a north wind 북풍

A 주어진 단어의 뜻을 영어는 우리말로, 우리말은 영어로 쓰세요.

1 borrow   _____

2 north   _____

3 silver   _____

4 early   _____

5 wind   _____

6 믿다   _____

7 부엌, 주방   _____

8 대통령   _____

9 낮은   _____

10 영리한   _____

B 알맞은 단어를 넣어 주어진 어구를 완성하세요.

1 _____ a project   프로젝트를 끝내다

2 have a good _____   기억력이 좋다

3 _____ under the bed   침대 밑에 숨다

4 _____ a horse all day   하루 종일 말을 타다

5 _____ along a river   강을 따라 걷다

6 jump _____   높이 뛰다

7 across the _____   길 건너에

8 the same _____   같은 반

9 work _____   함께 일하다

10 a strong _____   강한 나라

C 알맞은 단어를 골라 문장을 완성하세요.

1 Can I (hide / borrow) your eraser?   지우개 좀 빌릴 수 있을까?

2 Jenny is standing in the (kitchen / country).   제니는 부엌에 서 있다.

3 My brother and I (ride / believe) in ghosts.   내 남동생과 나는 귀신을 믿는다.

4 He was the first (president / memory) of France.   그는 프랑스 최초의 대통령이었다.

5 We started jogging in the (early / low) morning.   우리는 이른 아침에 조깅을 시작했다.

정답 p.122 ⇒

MP3 듣기 ▶

arrive
[əráiv]

ⓢ 도착하다
arrival ⓜ 도착
arrive on time 정시에 도착하다

ⓑ leave 떠나다

---

wet
[wet]

ⓗ 젖은, 축축한
wet shoes 젖은 신발

ⓑ dry 마른

---

help
[help]

ⓢ 돕다 ⓜ 도움
helpful ⓗ 도움이 되는
Help me! 도와주세요!

---

problem
[prábləm]

ⓜ 문제
a math problem 수학 문제

ⓨ question 문제

---

close
[klouz]

ⓢ 닫다 ⓗ ① 가까운 ② 친한
close the window 창문을 닫다

ⓑ open 열다

---

job
[dʒɑb]

ⓜ 일, 직업
find a job 일자리를 찾다

ⓨ work 일

---

marry
[mǽri]

ⓢ 결혼하다, 혼인하다 (marry - married - married)
marriage ⓜ 결혼
Would you marry me? 저와 결혼해 주시겠어요?

---

storm
[stɔ:rm]

ⓜ 폭풍, 폭풍우
stormy ⓗ 폭풍우가 치는
a heavy storm 강한 폭풍

---

other
[ʌðər]

ⓗ (그 밖의) 다른
other people 다른 사람들

ⓨ another
또 하나의

---

wash
[wɑʃ]

ⓢ 씻다
wash my face 세수하다

ⓨ rinse 씻다, 헹구다

sweet
[swi:t]

㉠ 달콤한, 단
a sweet candy 달콤한 사탕

㉯ bitter 쓴

invent
[invént]

㉢ 발명하다
invention ㉡ 발명
invent a telephone 전화를 발명하다

trip
[trip]

㉡ 여행
Have a nice trip. 즐거운 여행 되세요.

㉤ travel 여행

ready
[rédi]

㉠ 준비가 된
ready for the exam 시험 준비가 된

㉤ prepared
준비가 된

earth
[ə:rθ]

㉡ ① 지구 ② 땅, 지면
plants on Earth 지구상의 식물

㉥ universe 우주

smile
[smail]

㉢ 미소 짓다 ㉡ 미소
smile brightly 환하게 미소 짓다

㉥ cry 울다

answer
[ǽnsər]

㉢ 대답하다 ㉡ 대답
answer the question 질문에 대답하다

㉯ ask 묻다

fly
[flai]

㉢ 날다, 비행하다 (fly - flew - flown) ㉡ 비행
fly in the sky 하늘을 날다

kind
[kaind]

㉠ 친절한 ㉡ 종류
a kind manner 친절한 태도

㉯ unkind 불친절한

season
[sí:zən]

㉡ 계절, 철
a rainy season 장마철

A 주어진 단어의 뜻을 영어는 우리말로, 우리말은 영어로 쓰세요.

1 wet _____

2 other _____

3 kind _____

4 sweet _____

5 wash _____

6 미소 짓다 _____

7 닫다, 가까운 _____

8 결혼하다, 혼인하다 _____

9 대답하다 _____

10 계절, 철 _____

B 알맞은 단어를 넣어 주어진 어구를 완성하세요.

1 _____ a light bulb   전구를 발명하다

2 quit a(n) _____   일을 그만두다

3 _____ each other   서로 돕다

4 solve a(n) _____   문제를 풀다

5 _____ to Paris   파리로의 여행

6 _____ at the airport   공항에 도착하다

7 around the _____   지구 주위에

8 because of the _____   폭풍 때문에

9 _____ to the moon   달까지 날아가다

10 get _____ for work   일할 준비를 하다

C 알맞은 단어를 골라 문장을 완성하세요.

1 Some animals live in (other / wet) places.   어떤 동물들은 축축한 곳에 산다.

2 What time does the store (close / arrive)?   그 가게는 몇 시에 문을 닫나요?

3 (Wash / Marry) your hands often with soap.   비누로 자주 손을 씻으세요.

4 Andy didn't know the (problem / answer).   앤디는 답을 알지 못했다.

5 What (job / kind) of food do you like?   어떤 종류의 음식을 좋아하나요?

정답 p.122 ➡

speak
[spiːk]

⑧ 이야기하다, 말하다 (speak - spoke - spoken)
speech ⑲ 연설, 담화
speak English well 영어를 잘하다

---

grass
[græs]

⑲ 잔디, 풀
green grass 푸른 잔디

㈜ lawn 잔디, 잔디밭

---

learn
[ləːrn]

⑧ 배우다, 학습하다
learn how to swim 수영하는 법을 배우다

㈝ teach 가르치다

---

middle
[mídl]

⑲ 중앙, 한가운데
the middle of the road 길의 중앙

㈜ center 중심, 중앙

---

lock
[lɑk]

⑧ 잠그다 ⑲ 자물쇠
locker ⑲ 사물함
lock the door 문을 잠그다

㈝ unlock
자물쇠를 풀다

---

success
[səksés]

⑲ ① 성공 ② 성과
successful ⑱ 성공한
success in business 사업에서의 성공

---

student
[stjúːdənt]

⑲ 학생
the best student in the class 반에서 가장 모범적인 학생

㈜ classmate
반 친구

---

small
[smɔːl]

⑱ 작은, 소규모의
a small town 작은 도시

㈜ little 작은

---

tonight
[tənáit]

⑲ 오늘 밤 ㈜ 오늘 밤에
What are you doing tonight? 오늘 밤에 뭐할 거야?

---

easy
[íːzi]

⑱ 쉬운, 수월한
easily ㈜ 쉽게
That was an easy question. 그것은 쉬운 질문이었다.

㈝ difficult 어려운

---

peace
[piːs]

명 ① 평화 ② 친목
peaceful 형 평화로운
world peace 세계 평화

---

hundred
[hʌ́ndrəd]

명 백, 100
a hundred years ago 백 년 전에

참 thousand
천, 1000

---

warm
[wɔːrm]

형 따뜻한, 따스한
warm weather 따뜻한 날씨

반 cool 시원한

---

gentleman
[dʒéntlmən]

명 신사
act like a gentleman 신사처럼 행동하다

참 lady 숙녀, 귀부인

---

carry
[kǽri]

동 가지고 가다, 운반하다
carry a box 상자를 나르다

유 take 가지고 가다

---

south
[sauθ]

명 남쪽 형 남쪽의
Which way is south? 어느 쪽이 남쪽이죠?

반 north 북쪽

---

knock
[nɑk]

동 (문을) 두드리다, 노크하다
knock on the door 문을 두드리다

유 beat 두드리다

---

race
[reis]

명 ① 경주 ② 인종
a marathon race 마라톤 경주

---

restaurant
[réstərənt]

명 식당, 음식점
an Italian restaurant 이탈리아 식당

참 café 카페

---

solve
[sɑlv]

동 해결하다, 풀다
solution 명 해법, 해결책
solve the problem 문제를 해결하다

A 주어진 단어의 뜻을 영어는 우리말로, 우리말은 영어로 쓰세요.

1 grass   _____

2 warm   _____

3 knock   _____

4 lock   _____

5 solve   _____

6 평화, 친목   _____

7 오늘 밤   _____

8 신사   _____

9 중앙, 한가운데   _____

10 경주, 인종   _____

B 알맞은 단어를 넣어 주어진 어구를 완성하세요.

1 _____ to Eric   에릭과 이야기하다

2 help a(n) _____   학생을 돕다

3 _____ to read   읽기 쉬운

4 _____ a heavy bag   무거운 가방을 나르다

5 the secret of _____   성공의 비결

6 _____ to play cello   첼로를 배우다

7 a(n) _____ years old   백 살

8 the _____ of the city   도시의 남쪽

9 work at the _____   식당에서 일하다

10 a(n) _____ country   작은 나라

C 알맞은 단어를 골라 문장을 완성하세요.

1 The puzzle is easy to (solve / knock).   그 퍼즐은 풀기 쉽다.

2 It was (small / warm) yesterday.   어제는 날씨가 따뜻했다.

3 Linda should finish her homework (middle / tonight).   린다는 오늘 밤에 숙제를 끝마쳐야 한다.

4 The children are lying on the (grass / south).   아이들이 잔디 위에 누워 있다.

5 Jack won the (peace / race) easily.   잭은 경주에서 쉽게 이겼다.

정답 p.122 ⇒

clean
[kli:n]

ⓗ 깨끗한 ⓓ 청소하다
a clean room 깨끗한 방

ⓑ dirty 더러운

---

homework
[hóumwə̀:rk]

ⓝ 숙제, 과제
do my homework 숙제를 하다

ⓨ assignment
과제

---

week
[wi:k]

ⓝ 주, 일주일
weekly ⓗ 매주의, 주 1회의
every week 매주

---

strong
[strɔ(:)ŋ]

ⓗ 강한, 힘이 센
a strong wind 강한 바람

ⓑ weak 약한

---

family
[fǽməli]

ⓝ 가족, 가정
How many people are there in your family? 가족이 몇 명인가요?

ⓒ relative 친척

---

sign
[sain]

ⓝ ① 표지판 ② 징후 ⓓ 서명하다
signature ⓝ 서명
a traffic sign 교통 표지판

---

road
[roud]

ⓝ 길, 도로
along the road 길을 따라

ⓨ street 길

---

young
[jʌŋ]

ⓗ 어린, 젊은
young children 어린아이들

ⓑ old 늙은

---

textbook
[tékstbùk]

ⓝ 교과서, 교본
read a textbook 교과서를 읽다

---

wall
[wɔ:l]

ⓝ 벽, 담
paint the wall 벽을 칠하다

ⓒ ceiling 천장

place
[pleis]

ⓜ 장소 ⓓ 두다
a public place 공공장소

ⓤ spot 장소

foolish
[fúːliʃ]

ⓗ 어리석은, 바보 같은
fool ⓜ 바보
a foolish mistake 어리석은 실수

ⓤ stupid 어리석은

newspaper
[njúːzpèipər]

ⓜ 신문
a daily newspaper 일간 신문

ⓒ paper 종이

group
[gruːp]

ⓜ 집단, 무리
a group of students 한 무리의 학생들

ⓤ team 팀, 단체

save
[seiv]

ⓓ ① 구하다 ② 저축하다, 모으다
save her life 그녀의 목숨을 구하다

event
[ivént]

ⓜ ① 사건 ② 행사
a big event 큰 행사

ⓤ case (범죄) 사건

bowl
[boul]

ⓜ 사발, 그릇
a bowl of rice 밥 한 그릇

ⓒ plate 접시

reply
[riplái]

ⓓ 대답하다, 응답하다 ⓜ 대답, 답장
reply to a letter 편지에 답장하다

ⓤ answer
대답하다

library
[láibrèri]

ⓜ 도서관
librarian ⓜ 사서, 도서관원
study in a library 도서관에서 공부하다

month
[mʌnθ]

ⓜ 달, 월
monthly ⓗ 매달의
Sam returned suddenly last month. 샘은 지난달에 갑자기 돌아왔다.

A 주어진 단어의 뜻을 영어는 우리말로, 우리말은 영어로 쓰세요.

1 strong   _____

2 sign   _____

3 bowl   _____

4 event   _____

5 road   _____

6 대답하다, 응답하다   _____

7 어린, 젊은   _____

8 집단, 무리   _____

9 가족, 가정   _____

10 숙제, 과제   _____

B 알맞은 단어를 넣어 주어진 어구를 완성하세요.

1 a safe _____   안전한 장소

2 once a(n) _____   한 달에 한 번

3 a(n) _____ idea   어리석은 생각

4 a map on the _____ 벽에 있는 지도

5 a new _____   새 교과서

6 _____ a little girl   어린 소녀를 구하다

7 read a(n) _____   신문을 읽다

8 for a(n) _____   일주일 동안

9 go to the _____   도서관에 가다

10 _____ the floor   바닥을 청소하다

C 알맞은 단어를 골라 문장을 완성하세요.

1 Andrew is (young / strong) and clever.   앤드류는 강하고 영리하다.

2 Julie has a lot of (homework / newspaper) today.   줄리는 오늘 숙제가 많다.

3 Pour milk into the (group / bowl).   우유를 그릇에 부어라.

4 There are many cars on the (wall / road).   도로에 많은 차들이 있다.

5 I was looking at the (sign / event).   나는 표지판을 보고 있었다.

정답 p.122 ➡

Day 20

MP3 듣기 ▶

wait
[weit]

동 기다리다, 대기하다
wait for a bus 버스를 기다리다

brain
[brein]

명 뇌, 두뇌
brain surgery 뇌 수술

really
[rí(:)əli]

부 정말, 실제로
real 형 진짜의, 실제의
really pretty 정말 예쁜

medicine
[médəsən]

명 ① 약 ② 의학
take a medicine 약을 먹다

유 drug 약, 약품

friend
[frend]

명 친구, 벗
friendly 형 친절한
a good friend 좋은 친구

stay
[stei]

동 머무르다, 지내다
stay home 집에 머무르다

반 leave 떠나다

water
[wɔ́:tər]

명 물 동 물을 주다
a glass of water 물 한 잔

science
[sáiəns]

명 과학
scientific 형 과학의
a science museum 과학박물관

waste
[weist]

동 낭비하다 명 낭비
wasteful 형 낭비하는
waste money 돈을 낭비하다

hill
[hil]

명 ① 언덕 ② 비탈
I walked up a hill. 나는 언덕을 걸어 올라갔다.

유 slope 비탈, 언덕

cloud
[klaud]

뗑 **구름**
cloudy 뗑 흐린
a dark cloud 먹구름

---

late
[leit]

뗑 ① 늦은 ② 최근의
lately 뗑 최근에
I was late for school. 나는 학교에 지각했다.

뱐 early 빠른

---

forest
[fɔ́(:)rist]

뗑 **숲, 삼림**
rain forest 열대 우림

유 wood 숲

---

magazine
[mǽgəzíːn]

뗑 **잡지**
a fashion magazine 패션 잡지

유 journal 잡지

---

inside
[insáid]

뱐 **안에, 안으로**
get inside 안으로 들어가다

뱐 outside 밖에

---

weekend
[wíːkènd]

뗑 **주말**
Have a good weekend! 주말 잘 보내세요!

참 weekday
주중, 평일

---

size
[saiz]

뗑 **크기, 치수**
the same size 같은 크기

참 volume 부피

---

empty
[émpti]

뗑 **텅 빈, 비어 있는**
an empty street 텅 빈 거리

뱐 full 가득 찬

---

word
[wəːrd]

뗑 **단어, 낱말**
English words 영어 단어

유 term 용어, 말

---

river
[rívər]

뗑 **강, 하천**
cross a river 강을 건너다

참 pond 연못

A 주어진 단어의 뜻을 영어는 우리말로, 우리말은 영어로 쓰세요.

1 cloud _____

2 really _____

3 stay _____

4 inside _____

5 weekend _____

6 텅 빈, 비어 있는 _____

7 언덕, 비탈 _____

8 뇌, 두뇌 _____

9 약, 의학 _____

10 물, 물을 주다 _____

B 알맞은 단어를 넣어 주어진 어구를 완성하세요.

1 enter a(n) _____ 숲에 들어가다

2 fall into a(n) _____ 강에 빠지다

3 _____ time 시간을 낭비하다

4 the _____ of the earth 지구의 크기

5 read a health _____ 건강 잡지를 읽다

6 a close _____ 가까운 친구

7 _____ a minute 잠시 기다리다

8 in the _____ morning 늦은 아침에

9 study _____ 과학을 공부하다

10 solve _____ puzzles 낱말 퍼즐을 풀다

C 알맞은 단어를 골라 문장을 완성하세요.

1 I (waste / water) the plants once a week.　나는 일주일에 한 번 식물에 물을 준다.

2 We went on a camping trip on the (weekend / forest).　우리는 주말에 캠핑을 갔다.

3 How long did you (wait / stay) in Seoul?　서울에 얼마나 머물렀나요?

4 Dan found (empty / inside) boxes on the beach.　댄은 해변에서 텅 빈 상자들을 발견했다.

5 There is a beautiful house on the (hill / river).　언덕 위에 아름다운 집이 있다.

정답 p.123 ➡

A 주어진 단어와 알맞은 뜻을 찾아 연결하세요.

1 student •　　• 낭비하다　　6 job •　　• 작은, 소규모의

2 wall •　　• 지구, 땅　　7 small •　　• 도서관

3 waste •　　• 기억력　　8 library •　　• 함께, 같이

4 memory •　　• 학생　　9 forest •　　• 일, 직업

5 earth •　　• 벽, 담　　10 together •　　• 숲, 삼림

B 단어의 관계에 맞게 빈칸을 채우세요.

1 arrive : arrival = ＿＿＿＿＿＿＿ : speech　　6 smart : clever = drug : ＿＿＿＿＿＿＿

2 stay : leave = ＿＿＿＿＿＿＿ : bitter　　7 help : helpful = ＿＿＿＿＿＿＿ : monthly

3 ＿＿＿＿＿＿＿ : assignment = grass : lawn　　8 nation : country = ＿＿＿＿＿＿＿ : rinse

4 small : little = spot : ＿＿＿＿＿＿＿　　9 ＿＿＿＿＿＿＿ : solution = believe : belief

5 close : open = cool : ＿＿＿＿＿＿＿　　10 ＿＿＿＿＿＿＿ : outside = start : finish

C 알맞은 단어를 넣어 문장을 완성하세요.

1 My older sister hoped to buy a(n) ＿＿＿＿＿＿＿ watch. 누나는 은색 시계를 사기를 희망했다.

2 The young man ＿＿＿＿＿＿＿ a wonderful woman. 그 젊은이는 멋진 여성과 결혼했다.

3 All the people want ＿＿＿＿＿＿＿ in the world. 모든 사람들은 세계의 평화를 원한다.

4 Thomas didn't ＿＿＿＿＿＿＿ to my letter. 토머스는 나의 편지에 답장하지 않았다.

5 It causes many problems to our ＿＿＿＿＿＿＿. 그것은 우리의 뇌에 많은 문제를 야기한다.

정답 p.123 ➡

Vocabulary Plus

☐ **bed** 침대 | Chris is lying on the **bed**.
크리스는 침대에 누워 있다.

☐ **desk** 책상 | There is a book on the **desk**.
책상 위에 책이 한 권 있다.

☐ **chair** 의자 | A child is sitting on a **chair**.
한 어린이가 의자에 앉아 있다.

☐ **bag** 가방 | I bought a big **bag**.
나는 큰 가방을 샀다.

☐ **book** 책 | She enjoys reading **books**.
그녀는 책을 읽는 것을 즐긴다.

☐ **eraser** 지우개 | Do you have an **eraser**?
지우개가 있나요?

☐ **camera** 카메라 | I will bring my **camera** tomorrow.
나는 내일 카메라를 가져올 것이다.

☐ **radio** 라디오 | I am listening to the **radio**.
나는 라디오를 듣고 있다.

☐ **box** 상자 | I put my stuff in the **box**.
나는 상자에 내 물건을 넣었다.

☐ **door** 문 | The **door** is open.
문이 열려 있다.

✎ Check-up Test

1   This _____ is very comfortable.
    이 의자는 매우 편안하다.

2   Ross bought a new _____.
    로스는 새 카메라를 샀다.

3   He is writing a(n) _____.
    그는 책을 쓰고 있다.

4   My _____ is very heavy.
    나의 가방은 매우 무겁다.

5   I lost my _____.
    나는 지우개를 잃어버렸다.

정답 p.123 ➡

Chapter 05

Day 21
~
Day 25

Day 21

MP3 듣기 ▶

let [let]	⑧ ~하게 하다, 허락하다 (let - let - let) **let** him clean his room 그에게 방을 청소하게 하다	⑳ Let's ~. ~하자.
secret [síːkrit]	⑲ 비밀 ⑳ 비밀의, 비밀스러운 **secretly** ⑭ 비밀로, 몰래 keep a **secret** 비밀을 지키다	
again [əgén]	⑭ 다시, 또 say **again** 다시 말하다	⑳ once more 한 번 더
hobby [hábi]	⑲ 취미 have a new **hobby** 새로운 취미를 가지다	
introduce [ìntrədjúːs]	⑧ ① 소개하다 ② 도입하다 **introduction** ⑲ 소개; 도입 Let me **introduce** myself. 제 소개를 하겠습니다.	
nation [néiʃən]	⑲ 나라, 국가 **national** ⑳ 국가의 a strong **nation** 강한 나라	⑮ country 나라
couple [kʌ́pl]	⑲ 부부, 한 쌍 a married **couple** 결혼한 두 사람, 부부	⑳ husband and wife 부부
on [ən]	⑳ ① (장소) ~의 위에 ② (시간) ~에 a book **on** the desk 책상 위에 있는 책	⑭ under (장소) ~의 아래에
team [tiːm]	⑲ 팀, 단체 a sport **team** 스포츠 팀	⑮ group 집단
outside [àutsáid]	⑭ 밖에, 바깥에 go **outside** 밖에 나가다	⑭ inside 안에, 안쪽에

business
[bíznis]

㈱ ① 사업, 거래 ② 업무
success in business 사업에서의 성공

㈜ trade 거래, 교역

---

wake
[weik]

㈌ 깨다, 깨우다 (wake - woke - woken)
wake up early 일찍 일어나다

---

advise
[ədváiz]

㈌ 조언하다, 충고하다
advice ㈱ 조언, 충고
advise her to study hard 그녀에게 열심히 공부하라고 조언하다

---

east
[i:st]

㈱ 동쪽 ㈖ 동쪽의
The sun rises in the east. 해는 동쪽에서 뜬다.

㈘ west 서쪽

---

roof
[ru(:)f]

㈱ 지붕, 천장
the roof of the building 건물의 지붕

㈜ chimney 굴뚝

---

noisy
[nɔ́izi]

㈖ 시끄러운, 떠들썩한
noise ㈱ 소음
noisy children 시끄러운 아이들

㈘ quiet 조용한

---

blow
[blou]

㈌ 불다 (blow - blew - blown) ㈱ 때림, 강타
blow the trumpet 트럼펫을 불다

---

field
[fi:ld]

㈱ ① 들판 ② 분야
a green field 푸른 들판

㈜ land 토지, 땅

---

light
[lait]

㈱ 빛, 불 ㈖ 가벼운
turn on the light 불을 켜다

㈘ heavy 무거운

---

thing
[θiŋ]

㈱ 것, 물건
an expensive thing 비싼 물건

㈜ stuff 물건

Exercise

A 주어진 단어의 뜻을 영어는 우리말로, 우리말은 영어로 쓰세요.

1 thing   _____
2 wake   _____
3 nation   _____
4 field   _____
5 let   _____

6 비밀   _____
7 조언하다   _____
8 시끄러운   _____
9 부부, 한 쌍   _____
10 소개하다   _____

B 알맞은 단어를 넣어 주어진 어구를 완성하세요.

1 try _____   다시 시도하다
2 a bright _____   밝은 빛
3 start a(n) _____   사업을 시작하다
4 fix a(n) _____   지붕을 고치다
5 wait _____   밖에서 기다리다

6 the _____ of the bank   은행의 동쪽
7 a basketball _____   농구팀
8 a bird _____ the roof   지붕 위에 있는 새
9 _____ up a balloon   풍선을 불다
10 play golf as a(n) _____   취미로 골프를 치다

C 알맞은 단어를 골라 문장을 완성하세요.

1 Sarah told me a (nation / secret) last night.   사라는 어젯밤에 내게 비밀을 말해 주었다.

2 I often (advise / wake) my brother to clean his room.   나는 남동생에게 종종 방을 청소하라고 충고한다.

3 I would like to (introduce / let) our new products.   신제품을 소개하려고 합니다.

4 The classroom is too (again / noisy).   그 교실은 너무 시끄럽다.

5 A (field / couple) is dancing on the stage.   한 부부가 무대에서 춤을 추고 있다.

정답 p.123 ➡

watch
[wɑtʃ]

(동) 보다 (명) 손목시계
watch a film 영화를 보다

(유) look 보다

---

holiday
[hɑ́lədèi]

(명) 휴일, 공휴일
I always meet my friends on holiday. 나는 항상 휴일에 친구들을 만난다.

(유) vacation
휴가, 방학

---

forever
[fərévər]

(부) ① 영원히 ② 항상
love him forever 영원히 그를 사랑하다

---

suit
[suːt]

(명) 정장 (동) 적합하다, 어울리다
suitable (형) 적합한, 적절한
wear a suit 정장을 입다

---

laugh
[læf]

(동) 웃다 (명) 웃음
laugh aloud 큰소리로 웃다

(유) smile 미소 짓다

---

paper
[péipər]

(명) ① 종이 ② 신문
three sheets of paper 종이 세 장

(참) wallpaper 벽지

---

always
[ɔ́ːlweiz]

(부) 항상, 늘
I always get up early. 나는 항상 일찍 일어난다.

---

message
[mésidʒ]

(명) 메시지, 전갈
leave a message 메시지를 남기다

(참) note 메모

---

love
[lʌv]

(동) 사랑하다 (명) 사랑
lovely (형) 사랑스러운
love to go dancing 춤추러 가는 것을 좋아하다

---

boring
[bɔ́ːriŋ]

(형) 지루한, 따분한
a boring movie 지루한 영화

(반) exciting
재미있는

soap
[soup]

(명) 비누
wash my hands with soap 비누로 손을 씻다

---

lend
[lend]

(동) 빌려주다 (lend - lent - lent)
lend him some money 그에게 돈을 빌려주다

(반) borrow 빌리다

---

wide
[waid]

(형) (폭이) 넓은
a wide world 넓은 세계

(반) narrow
(폭이) 좁은

---

snow
[snou]

(동) 눈이 오다 (명) 눈
snowy (형) 눈이 오는
snow heavily 눈이 아주 많이 내리다

---

cover
[kʌ́vər]

(동) 덮다, 가리다 (명) 덮개, (책의) 표지
cover my face with my hands 손으로 얼굴을 가리다

(유) veil 덮다

---

traffic
[trǽfik]

(명) 교통(량), 통행
a traffic jam 교통 체증

(참) vehicle
탈것, 교통수단

---

world
[wə:rld]

(명) 세계, 세상
worldwide (형) 전 세계적인
travel all over the world 전 세계를 여행하다

---

clear
[kliər]

(형) ① 분명한 ② 맑은, 깨끗한
clearly (부) 분명하게, 명확하게
a clear answer 명확한 대답

---

skin
[skin]

(명) 피부, (짐승의) 가죽
My skin is as white as snow. 내 피부는 눈처럼 하얗다.

(참) bone 뼈

---

hit
[hit]

(동) 때리다, 치다 (hit - hit - hit)
hit a ball with a bat 배트로 공을 치다

(유) beat
치다, 두드리다

A 주어진 단어의 뜻을 영어는 우리말로, 우리말은 영어로 쓰세요.

1 always   _____

2 lend   _____

3 hit   _____

4 love   _____

5 paper   _____

6 교통(량), 통행   _____

7 웃다, 웃음   _____

8 메시지, 전갈   _____

9 분명한, 맑은   _____

10 영원히, 항상   _____

B 알맞은 단어를 넣어 주어진 어구를 완성하세요.

1 a(n) _____ book   지루한 책

2 a bar of _____   비누 한 개

3 _____ the floor   바닥을 덮다

4 have dark _____   피부가 검다

5 buy a new _____   새 정장을 사다

6 _____ the soccer game   축구 경기를 보다

7 begin to _____   눈이 내리기 시작하다

8 a(n) _____ without wars   전쟁 없는 세상

9 have a good _____   즐거운 휴일을 보내다

10 a(n) _____ table   넓은 탁자

C 알맞은 단어를 골라 문장을 완성하세요.

1 Cindy always makes me (watch / laugh).   신디는 항상 날 웃게 만든다.

2 There are a lot of (traffic / soap) on Saturdays.   토요일마다 교통이 혼잡하다.

3 Dave asked me to (hit / lend) him my car.   데이브는 내게 차를 빌려 달라고 부탁했다.

4 Jean wrote her address on the (paper / skin).   진은 종이에 자신의 주소를 적었다.

5 Can I take a (message / holiday)?   메시지를 남기시겠어요?

정답 p.123 ➡

do
[duː]

ⓢ 하다, 행하다 (do - did - done)
do the dishes 설거지를 하다

college
[kálidʒ]

ⓜ (단과) 대학
go to college 대학에 진학하다

ⓤ university
(종합) 대학

brave
[breiv]

ⓗ 용감한, 용기 있는
a brave soldier 용감한 군인

ⓑ coward
겁이 많은

nature
[néitʃər]

ⓜ ① 자연 ② 본성
natural ⓗ 자연의
the laws of nature 자연의 법칙

smell
[smel]

ⓢ 냄새가 나다, 냄새를 맡다 ⓜ 냄새
smell good 좋은 냄새가 나다

weather
[wéðər]

ⓜ 날씨, 일기
a weather forecast 일기 예보

ⓤ climate
기후, 날씨

surprise
[sərpráiz]

ⓢ 놀라게 하다 ⓜ 놀람
surprising ⓗ 놀라운
I want to surprise him. 나는 그를 놀라게 하고 싶다.

blanket
[blǽŋkit]

ⓜ 담요
put on a blanket 담요를 덮다

ⓒ pillow 베개

hurry
[hə́ːri]

ⓢ 서두르다 (hurry - hurried - hurried) ⓜ 서두름, 급함
Hurry up, or you will be late. 서둘러, 그렇지 않으면 늦을 거야.

ⓤ rush 서두르다

lesson
[lésən]

ⓜ ① 수업 ② 교훈
a piano lesson 피아노 수업

ⓤ class 수업

quite
[kwait]

㉑ 꽤, 상당히
quite interesting 꽤 흥미로운

㉔ pretty 꽤

---

front
[frʌnt]

㉓ 앞, 정면 ㉗ 앞쪽의
in front of the building 건물 앞에

㉕ back 뒤쪽의

---

become
[bikʌm]

㉘ ~이 되다, ~한 상태가 되다 (become - became - become)
become a doctor 의사가 되다

---

left
[left]

㉓ 왼쪽 ㉗ 왼쪽의 ㉑ 왼쪽으로
go left 왼쪽으로 가다

㉕ right 오른쪽

---

space
[speis]

㉓ ① 공간, 장소 ② 우주
enough space 충분한 공간

㉔ room 공간, 자리

---

pretty
[príti]

㉗ 예쁜 ㉑ 꽤, 상당히
a pretty flower 예쁜 꽃

㉔ beautiful
아름다운

---

dinner
[dínər]

㉓ 저녁 식사
have dinner 저녁 식사를 하다

㉙ meal 식사

---

thank
[θæŋk]

㉘ 감사하다, 고마워하다 ㉓ 감사
thankful ㉗ 고마워하는
Thank you for your help. 도와주셔서 감사해요.

---

man
[mæn]

㉓ ① (성인) 남자 ② 사람
The man is my homeroom teacher. 그 남자는 우리 담임 선생님이다.

㉕ woman
(성인) 여자

---

bedroom
[bédrù(:)m]

㉓ 침실
a big bedroom 큰 침실

㉙ living room
거실

Exercise

A 주어진 단어의 뜻을 영어는 우리말로, 우리말은 영어로 쓰세요.

1 brave _____

2 thank _____

3 front _____

4 left _____

5 quite _____

6 (단과) 대학 _____

7 날씨, 일기 _____

8 하다, 행하다 _____

9 놀라게 하다 _____

10 침실 _____

B 알맞은 단어를 넣어 주어진 어구를 완성하세요.

1 _____ rich   부자가 되다

2 need a(n) _____   담요가 필요하다

3 protect _____   자연을 보호하다

4 a strange _____   이상한 냄새

5 take a piano _____   피아노 수업을 받다

6 a brave _____   용감한 남자

7 _____ to catch a bus   버스를 타려고 서두르다

8 a(n) _____ doll   예쁜 인형

9 _____ to sit down   앉을 공간

10 make _____   저녁 식사를 준비하다

C 알맞은 단어를 골라 문장을 완성하세요.

1 Go straight and turn (left / hurry) at the bank.   쭉 가시다가 은행에서 왼쪽으로 도세요.

2 The book is (front / quite) interesting.   그 책은 꽤 흥미롭다.

3 William will be a (nature / college) student next year.   윌리엄은 내년에 대학생이 될 것이다.

4 What's the (weather / blanket) like today?   오늘 날씨가 어떤가요?

5 He is strong and (brave / smell).   그는 힘이 세고 용감하다.

정답 p.124 ➡

Day 24

MP3 듣기 ▶

take [teik]	图 ① 가지고(데리고) 가다 ② 잡다 (take - took - taken) take a child to the swimming pool 아이를 수영장에 데리고 가다	⑲ carry 나르다
candle [kǽndl]	명 양초 light a candle 촛불을 켜다	
right [rait]	형 ① 옳은 ② 정확한 ③ 오른쪽의 명 오른쪽 the right direction 옳은 방향	빤 wrong 잘못된
teach [ti:tʃ]	图 가르치다, 알려 주다 (teach - taught - taught) teach French 불어를 가르치다	⑲ educate 교육하다
accident [ǽksidənt]	명 사고, 사건 a car accident 자동차 사고	참 crash 충돌 (사고)
once [wʌns]	图 ① 한 번 ② 한때 once a month 한 달에 한 번	참 twice 두 번
breakfast [brékfəst]	명 아침 식사 What time do you have breakfast? 몇 시에 아침 식사를 하나요?	참 dinner 저녁 식사
never [névər]	图 결코 ~않다 I never break promises. 나는 절대 약속을 어기지 않는다.	
in [in]	전 ① (장소) ~에, ~ 안에 ② (시간) ~에 live in Seoul 서울에 살다	
fresh [freʃ]	형 ① 신선한, 싱싱한 ② 새로운 fresh fish 싱싱한 생선	⑲ new 새로운

lunch
[lʌntʃ]

ⓜ 점심 식사
go out for lunch 점심 먹으러 나가다

ⓒ luncheon
오찬, 점심

---

shake
[ʃeik]

ⓥ 흔들다 (shake - shook - shaken)
shaky ⓗ 흔들리는
shake hands 악수하다

---

for
[fər]

ⓟ ① (목적) ~을 위해 ② (시간) ~동안
This is a gift for you. 이것은 너를 위한 선물이야.

---

large
[lɑːrdʒ]

ⓗ 큰, 커다란
a large vase 커다란 꽃병

ⓐ small 작은

---

princess
[prínses]

ⓜ 공주
a beautiful princess 아름다운 공주

ⓐ prince 왕자

---

soft
[sɔ(ː)ft]

ⓗ 부드러운
soft skin 부드러운 살결

ⓐ hard 딱딱한
tough 거친

---

dangerous
[déindʒərəs]

ⓗ 위험한
danger ⓜ 위험
a dangerous sport 위험한 스포츠

ⓐ safe 안전한

---

pair
[pɛər]

ⓜ 한 벌, 짝
a pair of shoes 신발 한 켤레

ⓤ set 한 벌, 세트

---

nervous
[nə́ːrvəs]

ⓗ 불안한, 초조한
Brian looks so nervous. 브라이언은 너무 불안해 보인다.

ⓐ calm 차분한

---

experience
[ikspí(ː)əriəns]

ⓜ 경험 ⓥ 경험하다
experienced ⓗ 경험이 풍부한
have a lot of experience 경험이 많다

A 주어진 단어의 뜻을 영어는 우리말로, 우리말은 영어로 쓰세요.

1 large _____

2 right _____

3 for _____

4 take _____

5 once _____

6 결코 ~ 않다 _____

7 부드러운 _____

8 아침 식사 _____

9 (장소) ~에, ~ 안에 _____

10 위험한 _____

B 알맞은 단어를 넣어 주어진 어구를 완성하세요.

1 _____ music 음악을 가르치다

2 a(n) _____ of gloves 장갑 한 켤레

3 time for _____ 점심시간

4 a traffic _____ 교통사고

5 _____ air 신선한 공기

6 a(n) _____ voice 초조한 목소리

7 light a(n) _____ 촛불을 켜다

8 save a(n) _____ 공주를 구하다

9 a great _____ 좋은 경험

10 _____ a bottle 병을 흔들다

C 알맞은 단어를 골라 문장을 완성하세요.

1 The chair is (soft / pair) and comfortable. 그 의자는 부드럽고 편안하다.

2 Sue is (never / large) on time. 수는 결코 시간을 지킨 적이 없다.

3 I prepared (breakfast / lunch) for my parents. 나는 부모님을 위해 아침을 준비했다.

4 Tylor visits his grandparents (in / once) a month. 타일러는 한 달에 한 번 조부모님을 방문한다.

5 Running on the street is (dangerous / nervous). 길에서 달리는 것은 위험하다.

정답 p.124 ⇒

Day 25

MP3 듣기 ▶

blood
[blʌd]
ⓜ 피, 혈액
bleed ⓦ 피를 흘리다
a blood test 혈액 검사

sleep
[sliːp]
ⓦ 자다 (sleep - slept - slept)
sleepy ⓗ 졸린
sleep late 늦잠을 자다

victory
[víktəri]
ⓜ 승리, 우승
a complete victory 완승

ⓒ win 승리하다

need
[niːd]
ⓦ 필요하다 ⓜ 필요
needy ⓗ 어려운, 궁핍한
need money 돈이 필요하다

lady
[léidi]
ⓜ 숙녀, 여자
act like a lady 숙녀처럼 행동하다

ⓡ gentleman
신사

exciting
[iksáitiŋ]
ⓗ 신나는, 흥분시키는
excitement ⓜ 흥분
Watching basketball games is exciting. 농구 경기를 보는 것은 신난다.

color
[kʌ́lər]
ⓜ 색, 색깔
colorful ⓗ 형형색색의
a bright color 밝은 색

hurt
[həːrt]
ⓦ ① 다치게 하다 ② 아프다 (hurt - hurt - hurt)
hurt my leg 다리를 다치다

ⓒ cure 치료하다

garden
[gáːrdən]
ⓜ 정원
play in the garden 정원에서 놀다

ⓒ yard 마당, 뜰

lose
[luːz]
ⓦ ① 잃어버리다 ② 지다, 패하다 (lose - lost - lost)
loss ⓜ 분실, 손실
lose a key 열쇠를 잃어버리다

ⓡ find 찾다

clothes
[klouðz]

ⓜ 옷, 의복
cloth ⓜ 직물
wear new clothes 새 옷을 입다

---

only
[óunli]

ⓑ 오직, 단지
only on Tuesday 화요일에만

---

friendship
[fréndʃip]

ⓜ 우정, 우애
an old friendship 오래된 우정

---

tool
[tu:l]

ⓜ ① 도구 ② 수단
use a tool 도구를 이용하다

ⓤ instrument
기구, 도구

---

wild
[waild]

ⓗ ① 야생의 ② 거친
wildness ⓜ 야생
a wild animal 야생동물

---

chopstick
[tʃápstik]

ⓜ 젓가락
use chopsticks 젓가락을 사용하다

ⓒ spoon 숟가락

---

cross
[krɔ(:)s]

ⓓ 건너다, 가로지르다
crosswalk ⓜ 횡단보도
cross a bridge 다리를 건너다

---

woman
[wúmən]

ⓜ (성인) 여자, 여성
The woman in the picture is my sister. 사진에 있는 여자는 내 동생이다.

ⓑ man (성인) 남자

---

kick
[kik]

ⓓ (발로) 차다, 걷어차다
kick a ball 공을 차다

---

bathroom
[bǽθrù(:)m]

ⓜ 욕실, 화장실
bath ⓜ 목욕; 욕조
Where is the bathroom? 화장실이 어딘가요?

ⓤ washroom
(건물의) 화장실

A 주어진 단어의 뜻을 영어는 우리말로, 우리말은 영어로 쓰세요.

1 wild   _____   6 색, 색깔   _____

2 cross   _____   7 차다, 걷어차다   _____

3 friendship   _____   8 젓가락   _____

4 woman   _____   9 다치게 하다   _____

5 sleep   _____   10 정원   _____

B 알맞은 단어를 넣어 주어진 어구를 완성하세요.

1 _____ four of them 그들 중 네 명만   6 _____ a lot of help 많은 도움이 필요하다

2 give _____   헌혈하다   7 buy new _____   새 옷을 사다

3 go to the _____   화장실에 가다   8 _____ a game   경기에서 지다

4 a(n) _____ sport   신나는 스포츠   9 an old _____   노부인

5 a useful _____   유용한 도구   10 a(n) _____ for Korea 한국의 승리

C 알맞은 단어를 골라 문장을 완성하세요.

1 Jenny didn't (hurt / sleep) well last night.   제니는 어젯밤에 잠을 잘 못 잤다.

2 We saw (wild / exciting) horses there.   우리는 그곳에서 야생마들을 보았다.

3 What kind of (color / tool) do you want?   어떤 색을 원하나요?

4 Look both ways before you (lose / cross) the road.   길을 건너기 전에 좌우를 살펴보세요.

5 There are many flowers and trees in the (garden / blood). 정원에는 많은 꽃과 나무가 있다.

정답 p.124 ➡

96

A 주어진 단어와 알맞은 뜻을 찾아 연결하세요.

1 holiday •   • 옷, 의복   6 blood •   • 피, 혈액

2 clothes •   • 휴일   7 hobby •   • 서두르다

3 roof •   • 지붕   8 skin •   • 취미

4 candle •   • 담요   9 accident •   • 사고, 사건

5 blanket •   • 양초   10 hurry •   • 피부

B 단어의 관계에 맞게 빈칸을 채우세요.

1 tool : instrument = stuff : _____

2 dangerous : danger = _____ : wildness

3 veil : _____ = garden : yard

4 light : heavy = _____ : coward

5 _____ : new = hurry : rush

6 _____ : introduction = advise : advice

7 boring : exciting = calm : _____

8 _____ : climate = lesson : class

9 tough : _____ = lose : find

10 shake : shaky = _____ : snowy

C 알맞은 단어를 넣어 문장을 완성하세요.

1 Korea is the only divided _____ in the world.   한국은 세계에서 유일한 분단국가이다.

2 The company made special _____.   그 회사는 특별한 비누를 만들었다.

3 The bicycle is in _____ of the truck.   자전거가 트럭 앞에 있다.

4 They need a(n) _____ blood sample.   그들은 신선한 혈액 샘플이 필요하다.

5 Our deep _____ moved people.   우리의 깊은 우정은 사람들을 감동시켰다.

정답 p.124 ➡

Vocabulary Plus

☐ **grandfather** 할아버지
My **grandfather** is a very wise man.
할아버지는 매우 현명한 분이시다.

☐ **grandmother** 할머니
My **grandmother** is good at cooking.
할머니는 요리를 잘하신다.

☐ **mom** 어머니
My **mom** is reading a book.
어머니는 책을 읽는 중이다.

☐ **dad** 아버지
Jack's **dad** is a doctor.
잭의 아버지는 의사이다.

☐ **husband** 남편
Jane's **husband** gave her roses.
제인의 남편은 그녀에게 장미를 주었다.

☐ **brother** 형제
My **brother** is taller than me.
형은 나보다 키가 크다.

☐ **sister** 자매
My **sister** can play the piano.
누나는 피아노를 연주할 수 있다.

☐ **uncle** 삼촌
Uncle Joey bought me a kite.
조이 삼촌은 나에게 연을 사 줬다.

☐ **aunt** 고모, 이모
My **aunt** calls me "Cathy."
고모는 나를 캐시라고 부른다.

☐ **cousin** 사촌
Mona is my **cousin**.
모나는 나의 사촌이다.

✏️ Check-up Test

1 My _____ went to the supermarket.
남편은 슈퍼마켓에 갔다.

2 _____ Tom has a nice car.
톰 삼촌은 멋진 차를 가지고 있다.

3 My _____ wants to be a singer.
형은 가수가 되고 싶어 한다.

4 My _____ died a year ago.
나의 할아버지는 1년 전에 돌아가셨다.

5 My _____ and I played tennis yesterday.
사촌과 나는 어제 테니스를 쳤다.

정답 p.125 ➡

Chapter 06

Day 26
~
Day 30

Day 26

MP3 듣기 ▶

wear
[wɛər]
(동) 입다, 착용하다 (wear - wore - worn)
wear a coat 코트를 입다
(유) put on 옷을 입다

information
[ìnfərméiʃən]
(명) 정보, 자료
inform (동) 알리다
look for information 정보를 찾다

break
[breik]
(동) 깨트리다, 부수다 (break - broke - broken) (명) 휴식
break the window 창문을 깨트리다
(유) crush
눌러 부수다

glue
[glu:]
(명) 접착제, 풀 (동) 붙이다
stick together with glue 접착제로 붙이다
(유) paste 풀

wise
[waiz]
(형) 현명한, 지혜로운
wisdom (명) 지혜
a wise teacher 현명한 교사
(유) smart 영리한

company
[kʌ́mpəni]
(명) ① 회사 ② 동료
a toy company 장난감 회사
(유) firm 회사

giant
[dʒáiənt]
(명) 거인 (형) 거대한
a giant of 8 feet 8피트 키의 거인
(유) huge 거대한

straight
[streit]
(형) 곧은, 일직선의 (부) 똑바로, 곧장
a straight road 곧은 길
(유) directly
곧장, 똑바로

manner
[mǽnər]
(명) ① 태도, 예절 ② 방식
a kind manner 친절한 태도
(유) etiquette 예의

ruler
[rú:lər]
(명) ① 통치자, 지배자 ② 자
the ruler of this country 이 나라의 통치자
(유) leader 지도자

hold
[hould]

ⓢ ① 잡다 ② 보유하다 ③ 개최하다 (hold - held - held)
Hold my hand. 내 손을 잡아.

ⓨ take 잡다

---

university
[jùːnəvə́ːrsəti]

ⓜ (종합) 대학
enter university 대학에 들어가다

ⓨ college
(단과) 대학

---

under
[ʌ́ndər]

ⓟ ~의 아래에
under the table 탁자 아래에

ⓡ over ~의 위에

---

soldier
[sóuldʒər]

ⓜ 군인, 병사
American soldiers 미국 군인

ⓒ army 군대

---

before
[bifɔ́ːr]

ⓟ ~ 전에, ~하기 전에
before the exam 시험 전에

ⓡ after ~ 후에

---

trash
[træʃ]

ⓜ 쓰레기
a trash can 쓰레기통

ⓨ garbage 쓰레기

---

bright
[brait]

ⓗ 밝은, 빛나는
brightly ⓑ 밝게
a bright color 밝은 색

ⓡ dark 어두운

---

question
[kwéstʃən]

ⓜ 질문, 의문
ask a question 질문을 하다

---

airport
[ɛ́ərpɔ̀ːrt]

ⓜ 공항
They arrived at the airport on time. 그들은 공항에 제시간에 도착했다.

ⓒ port 항구

---

flag
[flæg]

ⓜ 깃발, 기
the Olympic flag 올림픽 기

ⓨ banner
기, 현수막

A 주어진 단어의 뜻을 영어는 우리말로, 우리말은 영어로 쓰세요.

1 before _____

2 break _____

3 wear _____

4 wise _____

5 hold _____

6 공항 _____

7 통치자, 지배자, 자 _____

8 곧은, 일직선의 _____

9 ~의 아래에 _____

10 정보, 자료 _____

B 알맞은 단어를 넣어 주어진 어구를 완성하세요.

1 pick up _____ 쓰레기를 줍다

2 answer the _____ 질문에 대답하다

3 graduate from _____ 대학을 졸업하다

4 use _____ 풀을 사용하다

5 wave a(n) _____ 깃발을 흔들다

6 a brave _____ 용감한 군인

7 a(n) _____, sunny day 밝고 햇빛이 쨍쨍한 날

8 work for a(n) _____ 회사에서 일하다

9 a polite _____ 정중한 태도

10 a(n) _____ monster 거대한 괴물

C 알맞은 단어를 골라 문장을 완성하세요.

1 I need some (information / company) about the class. 나는 그 수업에 대한 정보가 필요하다.

2 Can I borrow your (soldier / ruler)? 자 좀 빌릴 수 있을까요?

3 We must (wear / hold) school uniforms. 우리는 교복을 입어야 한다.

4 Amy doesn't eat (before / under) she swims. 에이미는 수영하기 전에 먹지 않는다.

5 How far is it from here to the (university / airport)? 여기서 공항까지 거리가 얼마인가요?

정답 p.125 ➡

dive
[daiv]
ⓢ 뛰어들다, 다이빙하다
dive into the sea 바다에 뛰어들다

address
[ədrés]
ⓜ ① 주소 ② 연설
a home address 집 주소
ⓤ speech 연설

after
[ǽftər]
ⓟ ~ 후에, ~ 뒤에
after school 방과 후에
ⓑ before ~ 전에

worry
[wə́:ri]
ⓢ 걱정하다 (worry - worried - worried) ⓜ 걱정
Don't worry. 걱정하지 마.
ⓤ concern
걱정하다

floor
[flɔ:r]
ⓜ ① 바닥 ② (건물의) 층
the first floor 1층
ⓤ story (건물의) 층

sometimes
[sʌ́mtàimz]
ⓟ 때때로, 가끔
I sometimes get up late. 나는 가끔 늦게 일어난다.
ⓒ always 항상, 늘

pass
[pæs]
ⓢ ① 지나가다, 통과하다 ② 합격하다
pass under the bridge 다리 아래로 지나가다

rice
[rais]
ⓜ ① 쌀, 밥 ② 벼
cook rice 밥을 짓다
ⓒ wheat 밀

crazy
[kréizi]
ⓗ ① 미친 ② 열광하는, 푹 빠진
crazy about soccer 축구에 푹 빠진
ⓤ mad 미친

welcome
[wélkəm]
ⓢ 환영하다
Welcome to Korea! 한국에 오신 것을 환영합니다!

dentist
[déntist]

® ① 치과 의사 ② 치과
He wants to be a dentist. 그는 치과 의사가 되고 싶어 한다.

honest
[ánist]

® 정직한, 솔직한
honesty ® 정직
an honest answer 솔직한 답변

telephone
[téləfòun]

® 전화, 전화기 ® 전화를 걸다
a button on the telephone 전화기의 버튼

® call 전화하다

please
[pli:z]

® 부디, 제발 ® 기쁘게 하다
Please be quiet. 제발 조용히 좀 해주세요.

example
[igzǽmpl]

® 예, 보기
for example 예를 들어

spoon
[spu:n]

® 숟가락, 스푼
use a spoon 숟가락을 사용하다

® chopsticks
젓가락

much
[mʌtʃ]

® (양이) 많은 ® 매우, 대단히
I don't have much money. 나는 돈이 많이 없다.

® many (수가) 많은

or
[ɔːr]

® 또는, 혹은
Are you a student or a teacher? 당신은 학생인가요, 선생님인가요?

subway
[sʌ́bwèi]

® 지하철
take the subway 지하철을 타다

tomorrow
[təmɔ́ːrou]

® 내일 ® 내일
See you tomorrow. 내일 봐.

® the day after
tomorrow 모레

Exercise

A 주어진 단어의 뜻을 영어는 우리말로, 우리말은 영어로 쓰세요.

1 pass _____

2 please _____

3 subway _____

4 dive _____

5 after _____

6 숟가락 _____

7 때때로, 가끔 _____

8 미친, 열광하는 _____

9 바닥, 층 _____

10 내일 _____

B 알맞은 단어를 넣어 주어진 어구를 완성하세요.

1 _____ about the test 시험에 대해 걱정하다

2 give a(n) _____ 예를 들다

3 go to the _____ 치과에 가다

4 _____ to my house 우리 집에 온 것을 환영하다

5 a(n) _____ opinion 솔직한 의견

6 a bowl of _____ 밥 한 공기

7 use a(n) _____ 전화기를 사용하다

8 too _____ sugar 너무 많은 설탕

9 a day _____ two 하루나 이틀

10 an e-mail _____ 이메일 주소

C 알맞은 단어를 골라 문장을 완성하세요.

1 Peter will leave here (telephone / tomorrow) morning. 피터는 내일 아침에 여기를 떠날 것이다.

2 I (sometimes / address) listen to classical music. 나는 가끔 클래식 음악을 듣는다.

3 Many people are (much / crazy) about the soccer player. 많은 사람들이 그 축구 선수에 열광한다.

4 Jessica goes to school by (dentist / subway). 제시카는 지하철을 타고 학교에 간다.

5 (Pass / Dive) me the salt, please. 소금 좀 건네주세요.

정답 p.125 ➡

bring
[briŋ]

동 가져오다, 데려오다 (bring - brought - brought)
bring a book 책을 가져오다

---

contest
[kántest]

명 대회, 경기
an international contest 국제 대회

유 match 경기

---

calendar
[kǽləndər]

명 ① 달력 ② 일정표
a desk calendar 탁상 달력

---

interesting
[íntərəstiŋ]

형 재미있는, 흥미로운
interest 명 흥미, 관심
an interesting story 재미있는 이야기

---

scissors
[sízərz]

명 가위
cut paper with scissors 가위로 종이를 자르다

---

loud
[laud]

형 ① 시끄러운 ② 큰소리의
We heard a very loud noise. 우리는 아주 큰 소음을 들었다.

반 quiet 조용한

---

future
[fjú:tʃər]

명 미래, 장래
in the future 미래에

창 past 과거

---

way
[wei]

명 ① 길 ② 방법, 방식
ask the way 길을 묻다

유 method 방법

---

deliver
[dilívər]

동 전달하다, 배달하다
delivery 명 배달
deliver the pizza 피자를 배달하다

---

living room
[líviŋ ru(:)m]

명 거실
There is a computer in the living room. 거실에 컴퓨터가 있다.

possible
[pásəbl]

ⓗ ① 가능한 ② 있을 수 있는
as soon as possible 가능한 한 빨리

ⓡ impossible
불가능한

vacation
[veikéiʃən]

ⓜ 휴가, 방학
a summer vacation 여름휴가

ⓨ holiday 휴일

remember
[rimémbər]

ⓓ 기억하다
remember the phone number 전화번호를 기억하다

ⓡ forget 잊다

voice
[vɔic]

ⓜ 목소리, 음성
vocal ⓗ 목소리의, 발성의
a soft voice 부드러운 목소리

neighbor
[néibər]

ⓜ 이웃
a next-door neighbor 옆집 이웃

far
[fɑ:r]

ⓑ 멀리, 멀리 떨어져서 ⓗ 먼
far from home 집에서 멀리 떨어진

ⓡ near 가까이

grade
[greid]

ⓜ ① 점수, 성적 ② 학년
Mary got a high grade in math. 메리는 수학에서 높은 점수를 받았다.

ⓨ point 점수

thousand
[θáuzənd]

ⓜ 천, 1000
a thousand dollars 1,000달러

ⓒ million
백만, 100만

perfect
[pə́:rfikt]

ⓗ 완벽한, 완전한
perfectly ⓑ 완벽하게
a perfect present 완벽한 선물

station
[stéiʃən]

ⓜ 정류장, 역
a bus station 버스 정류장

ⓨ stop 정류장

A 주어진 단어의 뜻을 영어는 우리말로, 우리말은 영어로 쓰세요.

1 far _____

2 vacation _____

3 loud _____

4 remember _____

5 station _____

6 거실 _____

7 달력 _____

8 미래, 장래 _____

9 이웃 _____

10 가능한 _____

B 알맞은 단어를 넣어 주어진 어구를 완성하세요.

1 a(n) _____ mail   음성 메일

2 sixth _____   6학년

3 a(n) _____ subject   흥미로운 과목

4 lose a(n) _____   대회에서 지다

5 for three _____ years   3천 년 동안

6 a(n) _____ day   완벽한 날

7 _____ a book   책을 가져오다

8 use _____   가위를 사용하다

9 go home another _____   다른 길로 집에 가다

10 _____ letters   편지를 배달하다

C 알맞은 단어를 골라 문장을 완성하세요.

1 (Deliver / Remember) to bring a gift.   선물을 가져오는 것을 기억해.

2 There is a (calendar / thousand) on the wall.   달력이 벽에 걸려 있다.

3 Studying hard is important for your (way / future).   열심히 공부하는 것은 너의 미래를 위해 중요하다.

4 He is my new (neighbor / possible), Robert.   그는 나의 새로운 이웃인 로버트이다.

5 What are you going to do this summer (voice / vacation)?   이번 여름 방학에 무엇을 할 거니?

정답 p.125➡

now
[nau]

㈜ 지금, 이제
What are you doing now? 지금 뭐하고 있니?

sorry
[sɔ́(ː)ri]

㈜ ① 미안한 ② 유감스러운
I'm sorry to bother you. 방해해서 죄송해요.

wood
[wud]

㈜ ① 나무, 목재 ② 숲
wooden ㈜ 나무로 만들어진
made of wood 나무로 만든

follow
[fálou]

㈜ 따르다, 따라오다
follow the road 길을 따라가다

bicycle
[báisikl]

㈜ 자전거
ride a bicycle 자전거를 타다

㈜ bike 자전거

chalk
[tʃɔːk]

㈜ 분필
write in chalk 분필로 쓰다

㈜ blackboard
칠판

exercise
[éksərsàiz]

㈜ 운동하다 ㈜ 운동
exercise regularly 규칙적으로 운동하다

㈜ workout 운동

leaf
[liːf]

㈜ 잎, 나뭇잎
a four-leaf clover 네잎 클로버

㈜ branch 나뭇가지

invite
[inváit]

㈜ 초대하다, 초청하다
invitation ㈜ 초대, 초대장
invite him to a party 그를 파티에 초대하다

village
[vílidʒ]

㈜ 마을
a fishing village 어촌

㈜ town 마을

correct
[kərékt]

⑲ 옳은, 정확한 ⑧ 고치다, 수정하다
a correct pronunciation 정확한 발음

⑪ incorrect
부정확한

---

vegetable
[védʒitəbl]

⑲ 야채, 채소
Vegetables are good for our health. 채소는 우리 건강에 좋다.

⑳ mineral 광물

---

airplane
[ɛərplèin]

⑲ 비행기
a model airplane 모형 비행기

㉨ plane 비행기

---

dear
[diər]

⑲ ① 친애하는, 사랑하는 ② ~에게
my dear friends 나의 사랑스러운 친구들

---

teacher
[tí:tʃər]

⑲ 교사, 선생님
an English teacher 영어 선생님

⑳ homeroom
teacher
담임 선생님

---

excellent
[éksələnt]

⑲ 뛰어난, 훌륭한
excellently ⑭ 뛰어나게, 우수하게
an excellent tennis player 뛰어난 테니스 선수

---

style
[stail]

⑲ 형식, 양식, 스타일
stylish ⑲ 유행을 따른; 멋진
a hair style 머리 스타일

---

guess
[ɡes]

⑧ 추측하다 ⑲ 추측
guess an answer 답을 추측하다

---

math
[mæθ]

⑲ 수학(mathematics)
study math 수학을 공부하다

⑳ science 과학

---

pleasure
[pléʒər]

⑲ 즐거움, 기쁨
pleasant ⑲ 유쾌한, 기쁜
with pleasure 기뻐서

Exercise

A 주어진 단어의 뜻을 영어는 우리말로, 우리말은 영어로 쓰세요.

1 wood _____

2 correct _____

3 guess _____

4 sorry _____

5 invite _____

6 잎, 나뭇잎 _____

7 친애하는 _____

8 지금, 이제 _____

9 마을 _____

10 자전거 _____

B 알맞은 단어를 넣어 주어진 어구를 완성하세요.

1 _____ at the gym   체육관에서 운동하다

2 _____ the rules   규칙을 따르다

3 solve a(n) _____ problem   수학 문제를 풀다

4 a life _____   생활 방식

5 a bowl of _____ soup   야채수프 한 그릇

6 a piece of _____   분필 한 개

7 the _____ of reading   독서의 즐거움

8 a(n) _____ performance   훌륭한 연주

9 get on a(n) _____   비행기를 타다

10 meet my _____   우리 선생님을 만나다

C 알맞은 단어를 골라 문장을 완성하세요.

1 They built a beautiful castle in the (vegetable / village).   그들은 마을에 아름다운 성을 지었다.

2 Will you (invite / guess) Andy to your birthday party?   네 생일 파티에 앤디를 초대할 거니?

3 The desk is made of (wood / leaf).   그 책상은 나무로 만들어졌다.

4 Circle the (correct / excellent) sentences.   알맞은 문장에 동그라미 하세요.

5 My father fixed my (dear / bicycle) yesterday.   우리 아빠는 어제 내 자전거를 수리했다.

정답 p.125 ➡

MP3 듣기 ▶

person
[pə́:rsən]
⑲ 사람, 인간
a young person 젊은 사람
㉧ people 사람들

hope
[houp]
⑧ 바라다, 희망하다 ⑲ 희망
hopeful ⑲ 희망에 찬
hope to visit 방문하기를 바라다

yesterday
[jéstərdei]
⑲ 어제 ⑼ 어제
Yesterday was Monday. 어제는 월요일이었다.
㉧ the day before yesterday 그저께

wonderful
[wʌ́ndərfəl]
⑲ 훌륭한, 멋진
wonderful scenery 멋진 경치
㉨ excellent 훌륭한

factory
[fǽktəri]
⑲ 공장
a factory worker 공장 노동자
㉨ plant 공장

lucky
[lʌ́ki]
⑲ 행운의, 운이 있는
luck ⑲ 운, 행운
a lucky day 운수 좋은 날, 길일

train
[trein]
⑲ 기차, 열차 ⑧ 훈련하다
get on the train 기차를 타다
㉧ subway 지하철

well
[wel]
⑼ 잘, 아주
drive very well 운전을 매우 잘하다

set
[set]
⑧ 놓다, 두다 (set-set-set) ⑲ 세트
set a vase on the desk 책상 위에 꽃병을 놓다
㉨ put 놓다

rainbow
[réinbòu]
⑲ 무지개
see a rainbow in the sky 하늘에 있는 무지개를 보다

weak
[wi:k]

ⓗ 약한, 허약한
a weak body 허약 체질

ⓐ strong
강한, 튼튼한

---

headache
[hédèik]

ⓜ 두통
have a headache 두통이 있다

ⓒ stomachache
복통

---

wrong
[rɔ(:)ŋ]

ⓗ 틀린, 잘못된
a wrong answer 오답

ⓐ right 옳은, 바른

---

salt
[sɔ:lt]

ⓜ 소금
salty ⓗ 짠, 소금기가 있는
Pass me the salt, please. 소금 좀 건네주세요.

---

proud
[praud]

ⓗ 자랑스러운
pride ⓜ 자부심; 자랑; 자존심
I'm proud of my mother. 나는 우리 어머니가 자랑스럽다.

---

sugar
[ʃúgər]

ⓜ 설탕
sugar and cream 설탕과 크림

ⓒ salt 소금

---

refrigerator
[rifrídʒərèitər]

ⓜ 냉장고
food in the refrigerator 냉장고 안에 있는 음식

ⓤ fridge 냉장고

---

fix
[fiks]

ⓥ ① 수리하다 ② 고정시키다
fix a computer 컴퓨터를 수리하다

ⓤ repair 고치다

---

past
[pæst]

ⓜ 과거 ⓗ 지난, 과거의
for the past ten years 지난 10년 동안

ⓒ future 미래

---

piece
[pi:s]

ⓜ ① 한 조각 ② 부분
a piece of pie 파이 한 조각

ⓤ slice 한 조각

Exercise

A 주어진 단어의 뜻을 영어는 우리말로, 우리말은 영어로 쓰세요.

1 train _____

2 proud _____

3 well _____

4 lucky _____

5 person _____

6 한 조각, 부분 _____

7 놓다, 두다 _____

8 공장 _____

9 수리하다 _____

10 무지개 _____

B 알맞은 단어를 넣어 주어진 어구를 완성하세요.

1 a terrible _____ 심한 두통

2 have a(n) _____ time 멋진 시간을 보내다

3 open the _____ 냉장고를 열다

4 put _____ in coffee 커피에 설탕을 넣다

5 have a(n) _____ 희망을 가지다

6 _____ and pepper 소금과 후추

7 the _____ address 잘못된 주소

8 _____ morning 어제 아침

9 a(n) _____ heart 약한 심장

10 remember the _____ 과거를 기억하다

C 알맞은 단어를 골라 문장을 완성하세요.

1 Alice is an important (person / weak) in the company. 앨리스는 회사에서 중요한 사람이다.

2 Tobi and his brother are looking at the (salt / rainbow). 토비와 그의 남동생은 무지개를 보고 있다.

3 I'm (proud / lucky) of you. 나는 네가 자랑스러워.

4 Eric started to work in the toy (past / factory). 에릭은 장난감 공장에서 일하기 시작했다.

5 You are (wonderful / wrong) to win the game. 시합에서 우승하다니 너는 운이 좋다.

정답 p.126 ➡

A 주어진 단어와 알맞은 뜻을 찾아 연결하세요.

1 honest • • 따르다
2 scissors • • 솔직한
3 soldier • • 과거
4 past • • 가위
5 follow • • 군인

6 trash • • 즐거움, 기쁨
7 bring • • 환영하다
8 headache • • 두통
9 pleasure • • 가져오다
10 welcome • • 쓰레기

B 단어의 관계에 맞게 빈칸을 채우세요.

1 way : method = _____ : town

2 _____ : delivery = invite : invitation

3 factory : plant = banner : _____

4 _____ : right = possible : impossible

5 _____ : stop = contest : match

6 _____ : put = hold : take

7 bright : dark = _____ : quiet

8 honest : honesty = _____ : interest

9 grade : point = slice : _____

10 _____ : strong = correct : incorrect

C 알맞은 단어를 넣어 문장을 완성하세요.

1 The _____ king made the right decision. 현명한 왕이 옳은 결정을 내렸다.

2 Peter always keeps a(n) _____ posture. 피터는 항상 똑바른 자세를 유지한다.

3 How _____ is the police station from here? 경찰서는 이곳에서 얼마나 먼가요?

4 She can't _____ what to do next. 그녀는 다음에 무엇을 할지 추측할 수 없다.

5 Randy saw a(n) _____ after the rain. 랜디는 비가 온 후에 무지개를 보았다.

정답 p.126 ➡

Vocabulary Plus

☐ **first** 제1의, 첫 번째의

I am the **first** child in my family.
나는 우리 집에서 첫째이다.

☐ **second** 제2의, 두 번째의

This is his **second** novel.
이것은 그의 두 번째 소설이다.

☐ **third** 제3의, 세 번째의

I live on the **third** floor.
나는 3층에 산다.

☐ **fourth** 제4의, 네 번째의

He is in the **fourth** grade in school.
그는 학교에서 4학년이다.

☐ **fifth** 제5의, 다섯 번째의

May **fifth** is Children's Day.
5월 5일은 어린이날이다.

☐ **sixth** 제6의, 여섯 번째의

I am on the **sixth** floor.
나는 6층에 있다.

☐ **seventh** 제7의, 일곱 번째의

The **Seventh** Annual Seoul Music Festival is on Saturday.
제7회 서울 음악 축제는 토요일에 열린다.

☐ **eighth** 제8의, 여덟 번째의

He is making his **eighth** album.
그는 그의 8번째 앨범을 만들고 있다.

☐ **ninth** 제9의, 아홉 번째의

He is the **ninth** president of the students' union.
그는 학생회의 9대 회장이다.

☐ **tenth** 제10의, 열 번째의

My mother's birthday is September **tenth**.
어머니의 생일은 9월 10일이다.

Check-up Test

1 I am on the _____ floor.

나는 5층에 있다.

2 My dad is the _____ son in his family.

아버지는 집에서 세 번째 아들이다.

3 Today is my _____ day at school.

오늘은 학교에서의 첫날이다.

4 My class room is on the _____ floor.

교실은 6층에 있다.

5 Jack is reading the _____ book of *The Lord of the Rings*.

잭은 〈반지의 제왕〉의 두 번째 책을 읽고 있다.

정답 p.126 ➡

Answers

Answers 정답

Chapter 01

Day 01 Exercise

A

1 자유의, 무료의, 한가한　　2 날짜, 데이트
3 행동하다, 행동　　4 떨어지다, 넘어지다
5 읍, 마을　　6 hard
7 enjoy　　8 nice
9 listen　　10 idea

B

1 bad　　2 mountain
3 paint　　4 come
5 sing　　6 spend
7 start　　8 know
9 see　　10 cry

C

1 enjoy　　2 nice
3 date　　4 bad
5 listen

Day 02 Exercise
p.15

A

1 살찐, 뚱뚱한　　2 야영지, 캠프, 야영
3 얻다, 받다, 가지다　　4 지도, 약도
5 정상, 꼭대기, 위　　6 day
7 keep　　8 picture
9 fruit　　10 open

B

1 basic　　2 dance
3 art　　4 like
5 call　　6 o'clock
7 have　　8 movie
9 ship　　10 go

C

1 picture　　2 call
3 movie　　4 open
5 fat

Day 03 Exercise
p.18

A

1 부유한, 부자의　　2 자라다, 기르다
3 가득한, 배가 부른　　4 묻다, 질문하다, 부탁하다

5 사용하다, 사용　　6 deep
7 cut　　8 key
9 meat　　10 sell

B

1 old　　2 money
3 ask　　4 catch
5 eat　　6 give
7 old　　8 fast
9 basket　　10 think

C

1 grow　　2 ask
3 fast　　4 use
5 old

Day 04 Exercise
p.21

A

1 떠나다, 남기다　　2 가난한, 불쌍한
3 가게, 상점, 쇼핑하다　　4 귀여운
5 더러운, 지저분한　　6 story
7 music　　8 run
9 good　　10 captain

B

1 fill　　2 different
3 stand　　4 air
5 time　　6 play
7 farm　　8 plan
9 beach　　10 market

C

1 dirty　　2 farm
3 market　　4 leave
5 play

Day 05 Exercise
p.24

A

1 싫어하다, 미워하다　　2 들어가다, 입학하다
3 되돌아가서, 뒤쪽의, 등　　4 긴
5 차가운, 추운　　6 delicious
7 drop　　8 glad
9 pull　　10 tower

B

1 jump　　2 food
3 send　　4 member

5 castle	**6** flower		
7 and	**8** pay		
9 practice	**10** rock		

C

1 practice	**2** back
3 enter	**4** castle
5 glad	

Day 01~05 **Review Test**   p.25

A

1 자라다, 기르다	**2** 기초적인
3 떠나다, 남기다	**4** 떨어지다
5 계획	**6** 유지하다
7 다른	**8** ~와, 그리고
9 가득한	**10** 즐기다

B

1 bad	**2** see
3 stand	**4** different
5 deep	**6** pull
7 sing	**8** fall
9 full	**10** know

C

1 dropped	**2** different
3 spent	**4** cut
5 get	

Day 01~05 **Vocabulary Plus**   p.26

Check-up Test

1 bread	**2** watermelon
3 Eggs	**4** peaches
5 potato	

Chapter 02

Day 06 **Exercise**   p.30

A

1 가입하다, 참가하다	**2** 짧은, 키가 작은
3 시도하다, 노력하다	**4** 아이, 어린이
5 죽다, 사망하다	**6** stove

7 test	**8** half
9 funny	**10** fail

B

1 bath	**2** move
3 letter	**4** expensive
5 with	**6** all
7 chance	**8** tell
9 cool	**10** police

C

1 tell	**2** test
3 half	**4** with
5 kid	

Day 07 **Exercise**   p.33

A

1 굽다	**2** 키가 큰
3 유리, 유리잔	**4** 던지다, 버리다
5 힘	**6** handsome
7 lake	**8** pick
9 shape	**10** sad

B

1 buy	**2** difficult
3 hear	**4** busy
5 room	**6** new
7 many	**8** change
9 often	**10** famous

C

1 tall	**2** change
3 many	**4** lake
5 often	

Day 08 **Exercise**   p.36

A

1 만지다, 감동시키다	**2** 조종사
3 외치다, 소리치다	**4** 접시, 요리
5 원하다, ~하고 싶다	**6** push
7 birthday	**8** mistake
9 favorite	**10** age

B

1 beautiful	**2** health
3 sit	**4** number
5 live	**6** enough
7 glove	**8** cheap

9 joy　　　　　　　**10** towel

C

1 favorite　　　　　**2** want
3 towel　　　　　　**4** mistake
5 live

Day 09　Exercise　　　　　p.39

A

1 요리하다, 요리사　　**2** 털, 모피
3 금, 금빛　　　　　　**4** 죽이다, 살해하다
5 지점, 점수, 요점　　**6** yard
7 heart　　　　　　　**8** careful
9 but　　　　　　　　**10** prince

B

1 history　　　　　　**2** minute
3 slow　　　　　　　**4** next
5 price　　　　　　　**6** life
7 balloon　　　　　　**8** safe
9 travel　　　　　　　**10** feel

C

1 cook　　　　　　　**2** balloon
3 feel　　　　　　　**4** prince
5 history

Day 10　Exercise　　　　　p.42

A

1 모형, 모델, 모범　　**2** 선물
3 어두운, 캄캄한　　　**4** 여왕
5 화난, 분개한　　　　**6** check
7 beef　　　　　　　**8** show
9 ticket　　　　　　　**10** ugly

B

1 knife　　　　　　　**2** look
3 stop　　　　　　　**4** classroom
5 find　　　　　　　**6** important
7 hot　　　　　　　**8** plant
9 very　　　　　　　**10** draw

C

1 model　　　　　　**2** show
3 gift　　　　　　　**4** beef
5 angry

Day 06~10　Review Test　　　p.43

A

1 바꾸다　　　　　　**2** 건강
3 중요한　　　　　　**4** 풍선
5 비싼　　　　　　　**6** 가격, 값
7 바쁜, 분주한　　　　**8** 찾다
9 목욕　　　　　　　**10** 충분한

B

1 live　　　　　　　**2** ugly
3 pick　　　　　　　**4** difficult
5 travel　　　　　　**6** safe
7 new　　　　　　　**8** point
9 fail　　　　　　　**10** dish

C

1 short　　　　　　　**2** lake
3 pilot　　　　　　　**4** fur
5 stop

Day 06~10　Vocabulary Plus　　p.44

Check-up Test

1 horse　　　　　　**2** elephant
3 duck　　　　　　　**4** cats
5 sheep

Chapter 03

Day 11　Exercise　　　　　p.48

A

1 아픈, 병든　　　　　**2** 천국
3 혼자의, 외로운, 홀로　**4** 수영하다, 헤엄치다
5 아이, 어린이　　　　**6** big
7 fever　　　　　　　**8** joke
9 picnic　　　　　　　**10** quick

B

1 mail　　　　　　　**2** list
3 tired　　　　　　　**4** bite
5 dictionary　　　　　**6** house
7 brush　　　　　　　**8** sound
9 popular　　　　　　**10** animal

C

1 picnic   2 sick
3 child   4 alone
5 swim

Day 12 Exercise   p.51

A

1 좌석, 자리   2 왕
3 돌, 바위   4 훌륭한, 멋진, 좋은
5 ~에서, ~부터   6 begin
7 quiet   8 narrow
9 heavy   10 dream

B

1 goal   2 win
3 stairs   4 city
5 machine   6 same
7 theater   8 prize
9 umbrella   10 understand

C

1 heavy   2 begin
3 dream   4 quiet
5 seats

Day 13 Exercise   p.54

A

1 둥근, 원형의   2 땅, 영역
3 구멍   4 사람들
5 식사   6 circle
7 lazy   8 corner
9 smoke   10 special

B

1 rain   2 work
3 hour   4 talk
5 make   6 drink
7 meet   8 tie
9 ocean   10 fire

C

1 corner   2 special
3 smoke   4 people
5 circle

Day 14 Exercise   p.57

A

1 상점, 가게, 저장하다   2 마른, 건조한, 말리다
3 거울   4 짓다, 세우다
5 호주머니, 포켓   6 fashion
7 terrible   8 hang
9 rest   10 clerk

B

1 say   2 write
3 line   4 shy
5 west   6 island
7 afraid   8 here
9 taste   10 study

C

1 fashion   2 terrible
3 dry   4 mirror
5 pocket

Day 15 Exercise   p.60

A

1 해, 년, 나이   2 큰, 훌륭한, 멋진
3 옆, (측)면   4 싸우다, 다투다, 싸움
5 읽다   6 mad
7 office   8 hungry
9 post   10 thin

B

1 climb   2 ring
3 war   4 put
5 visit   6 drive
7 happy   8 strange
9 bottle   10 today

C

1 read   2 year
3 thin   4 great
5 office

Day 11~15 Review Test   p.61

A

1 수줍은   2 목표, 득점
3 전쟁   4 인기 있는
5 바다, 해양   6 매다, 묶다
7 물다   8 병
9 공부하다   10 극장

B

1 dry	**2** mail
3 dream	**4** heaven
5 heavy	**6** quiet
7 work	**8** thin
9 pocket	**10** drive

C

1 joke	**2** prize
3 lazy	**4** rest
5 mad	

Day 11~15 **Vocabulary Plus** p.62

Check-up Test

1 arm	**2** shoulders
3 hand	**4** face
5 knees	

Chapter 04

Day 16 Exercise p.66

A

1 빌리다	**2** 북쪽, 북쪽의
3 은, 은으로 만든, 은색의	**4** 일찍, 빠른, 빨리
5 바람	**6** believe
7 kitchen	**8** president
9 low	**10** smart

B

1 finish	**2** memory
3 hide	**4** ride
5 walk	**6** high
7 street	**8** class
9 together	**10** country

C

1 borrow	**2** kitchen
3 believe	**4** president
5 early	

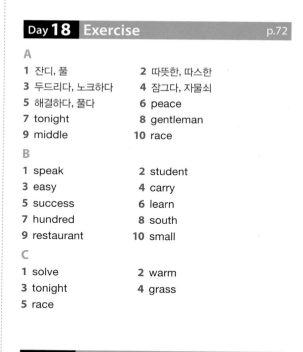

Day 17 Exercise p.69

A

1 젖은, 축축한	**2** 다른
3 친절한, 종류	**4** 달콤한, 단
5 씻다	**6** smile
7 close	**8** marry
9 answer	**10** season

B

1 invent	**2** job
3 help	**4** problem
5 trip	**6** arrive
7 earth	**8** storm
9 fly	**10** ready

C

1 wet	**2** close
3 Wash	**4** answer
5 kind	

Day 18 Exercise p.72

A

1 잔디, 풀	**2** 따뜻한, 따스한
3 두드리다, 노크하다	**4** 잠그다, 자물쇠
5 해결하다, 풀다	**6** peace
7 tonight	**8** gentleman
9 middle	**10** race

B

1 speak	**2** student
3 easy	**4** carry
5 success	**6** learn
7 hundred	**8** south
9 restaurant	**10** small

C

1 solve	**2** warm
3 tonight	**4** grass
5 race	

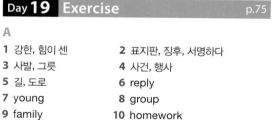

Day 19 Exercise p.75

A

1 강한, 힘이 센	**2** 표지판, 징후, 서명하다
3 사발, 그릇	**4** 사건, 행사
5 길, 도로	**6** reply
7 young	**8** group
9 family	**10** homework

B

1 place   2 month
3 foolish   4 wall
5 textbook   6 save
7 newspaper   8 week
9 library   10 clean

C

1 strong   2 homework
3 bowl   4 road
5 sign

Day 20 Exercise   p.78

A

1 구름   2 정말, 실제로
3 머무르다, 지내다   4 안에, 안으로
5 주말   6 empty
7 hill   8 brain
9 medicine   10 water

B

1 forest   2 river
3 waste   4 size
5 magazine   6 friend
7 wait   8 late
9 science   10 word

C

1 water   2 weekend
3 stay   4 empty
5 hill

Day 16~20 Review Test   p.79

A

1 학생   2 벽, 담
3 낭비하다   4 기억력
5 지구, 땅   6 일, 직업
7 작은, 소규모의   8 도서관
9 숲, 삼림   10 함께, 같이

B

1 speak   2 sweet
3 homework   4 place
5 warm   6 medicine
7 month   8 wash
9 solve   10 inside

C

1 silver   2 married
3 peace   4 reply
5 brain

Day 16~20 Vocabulary Plus   p.80

Check-up Test

1 chair   2 camera
3 book   4 bag
5 eraser

Chapter 05

Day 21 Exercise   p.84

A

1 것, 물건   2 깨다, 깨우다
3 나라, 국가   4 들판, 분야
5 ~하게 하다, 허락하다   6 secret
7 advise   8 noisy
9 couple   10 introduce

B

1 again   2 light
3 business   4 roof
5 outside   6 east
7 team   8 on
9 blow   10 hobby

C

1 secret   2 advise
3 introduce   4 noisy
5 couple

Day 22 Exercise   p.87

A

1 항상, 늘   2 빌려주다
3 때리다, 치다   4 사랑하다, 사랑
5 종이, 신문   6 traffic
7 laugh   8 message
9 clear   10 forever

B

1 boring 2 soap
3 cover 4 skin
5 suit 6 watch
7 snow 8 world
9 holiday 10 wide

C

1 laugh 2 traffic
3 lend 4 paper
5 message

Day 23 Exercise p.90

A

1 용감한, 용기 있는 2 감사하다, 감사
3 앞, 정면, 앞쪽의 4 왼쪽, 왼쪽의, 왼쪽으로
5 꽤, 상당히 6 college
7 weather 8 do
9 surprise 10 bedroom

B

1 become 2 blanket
3 nature 4 smell
5 lesson 6 man
7 hurry 8 pretty
9 space 10 dinner

C

1 left 2 quite
3 college 4 weather
5 brave

Day 24 Exercise p.93

A

1 큰, 커다란 2 옳은, 정확한, 오른쪽의
3 ~을 위해, ~동안 4 가지고 가다, 잡다
5 한 번, 한때 6 never
7 soft 8 breakfast
9 in 10 dangerous

B

1 teach 2 pair
3 lunch 4 accident
5 fresh 6 nervous
7 candle 8 princess
9 experience 10 shake

C

1 soft 2 never
3 breakfast 4 once
5 dangerous

Day 25 Exercise p.96

A

1 야생의, 거친 2 건너다, 가로지르다
3 우정, 우애 4 (성인) 여자, 여성
5 자다 6 color
7 kick 8 chopstick
9 hurt 10 garden

B

1 only 2 blood
3 bathroom 4 exciting
5 tool 6 need
7 clothes 8 lose
9 lady 10 victory

C

1 sleep 2 wild
3 color 4 cross
5 garden

Day 21~25 Review Test p.97

A

1 휴일 2 옷, 의복
3 지붕 4 양초
5 담요 6 피, 혈액
7 취미 8 피부
9 사고, 사건 10 서두르다

B

1 thing 2 wild
3 cover 4 brave
5 fresh 6 introduce
7 nervous 8 weather
9 soft 10 snow

C

1 nation 2 soap
3 front 4 fresh
5 friendship

Check-up Test

1 husband   2 Uncle
3 brother   4 grandfather
5 cousin

Chapter 06

Day 26 Exercise   p.102

A

1 ~ 전에, ~하기 전에   2 깨트리다, 부수다
3 입다, 착용하다   4 현명한, 지혜로운
5 잡다, 개최하다   6 airport
7 ruler   8 straight
9 under   10 information

B

1 trash   2 question
3 university   4 glue
5 flag   6 soldier
7 bright   8 company
9 manner   10 giant

C

1 information   2 ruler
3 wear   4 before
5 airport

Day 27 Exercise   p.105

A

1 지나가다, 합격하다   2 제발, 기쁘게 하다
3 지하철   4 뛰어들다, 다이빙하다
5 ~ 후에, ~ 뒤에   6 spoon
7 sometimes   8 crazy
9 floor   10 tomorrow

B

1 worry   2 example
3 dentist   4 welcome
5 honest   6 rice
7 telephone   8 much
9 or   10 address

C

1 tomorrow   2 sometimes
3 crazy   4 subway
5 Pass

Day 28 Exercise   p.108

A

1 멀리, 멀리 떨어져서, 먼   2 휴가, 방학
3 시끄러운, 큰소리의   4 기억하다
5 정류장, 역   6 living room
7 calendar   8 future
9 neighbor   10 possible

B

1 voice   2 grade
3 interesting   4 contest
5 thousand   6 perfect
7 bring   8 scissors
9 way   10 deliver

C

1 Remember   2 calendar
3 future   4 neighbor
5 vacation

Day 29 Exercise   p.111

A

1 나무, 목재, 숲   2 옳은, 고치다, 수정하다
3 추측하다, 추측   4 미안한, 유감스러운
5 초대하다, 초청하다   6 leaf
7 dear   8 now
9 village   10 bicycle

B

1 exercise   2 follow
3 math   4 style
5 vegetable   6 chalk
7 pleasure   8 excellent
9 airplane   10 teacher

C

1 village   2 invite
3 wood   4 correct
5 bicycle

A

1 기차, 열차, 훈련하다 2 자랑스러운
3 잘, 아주 4 행운의, 운이 있는
5 사람, 인간 6 piece
7 set 8 factory
9 fix 10 rainbow

B

1 headache 2 wonderful
3 refrigerator 4 sugar
5 hope 6 salt
7 wrong 8 yesterday
9 weak 10 past

C

1 person 2 rainbow
3 proud 4 factory
5 lucky

A

1 솔직한 2 가위
3 군인 4 과거
5 따르다 6 쓰레기
7 가져오다 8 두통
9 즐거움, 기쁨 10 환영하다

B

1 village 2 deliver
3 flag 4 wrong
5 station 6 set
7 loud 8 interesting
9 piece 10 weak

C

1 wise 2 straight
3 far 4 guess
5 rainbow

Check-up Test

1 fifth 2 third
3 first 4 sixth
5 second

Index

Index

이것이 THIS IS 시리즈다!

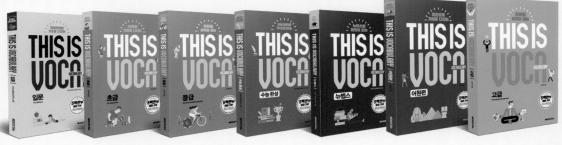
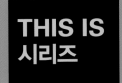

LEVEL CHART

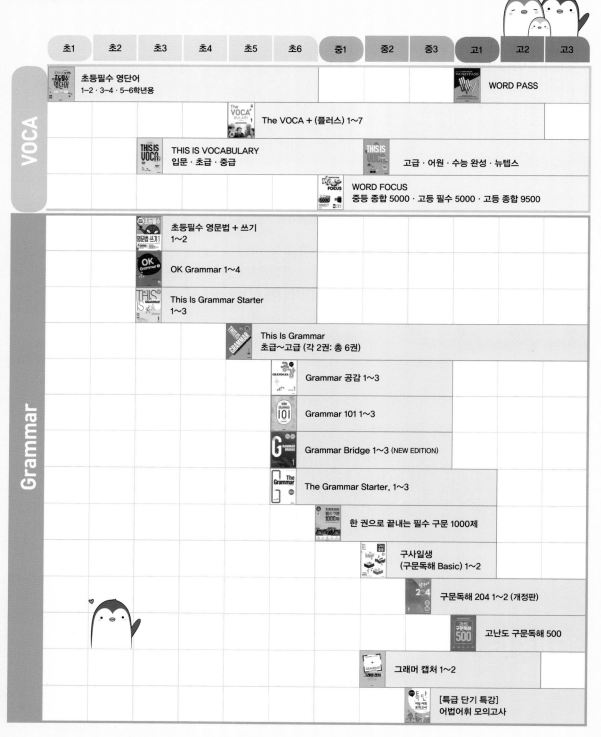

	초1	초2	초3	초4	초5	초6	중1	중2	중3	고1	고2	고3
VOCA	초등필수 영단어 1-2 · 3-4 · 5-6학년용									WORD PASS		
				The VOCA + (플러스) 1~7								
			THIS IS VOCABULARY 입문 · 초급 · 중급							고급 · 어원 · 수능 완성 · 뉴텝스		
						WORD FOCUS 중등 종합 5000 · 고등 필수 5000 · 고등 종합 9500						
Grammar			초등필수 영문법 + 쓰기 1~2									
			OK Grammar 1~4									
			This Is Grammar Starter 1~3									
						This Is Grammar 초급~고급 (각 2권: 총 6권)					
							Grammar 공감 1~3					
							Grammar 101 1~3					
							Grammar Bridge 1~3 (NEW EDITION)					
							The Grammar Starter, 1~3					
								한 권으로 끝내는 필수 구문 1000제				
								구사일생 (구문독해 Basic) 1~2				
									구문독해 204 1~2 (개정판)		
									고난도 구문독해 500		
								그래머 캡처 1~2			
									[특급 단기 특강] 어법어휘 모의고사		

	초1	초2	초3	초4	초5	초6	중1	중2	중3	고1	고2	고3

Writing

- 공감 영문법+쓰기 1~2
- 도전만점 중등내신 서술형 1~4
- 영어일기 영작패턴 1-A, B · 2-A, B
- Smart Writing 1~2

Reading

- Reading 101 1~3
- Reading 공감 1~3
- This Is Reading Starter 1~3
- This Is Reading 전면 개정판 1~4
- 원서 술술 읽는 Smart Reading Basic 1~2
- 원서 술술 읽는 Smart Reading 1~2
- [특급 단기 특강] 구문독해 · 독해유형
- [앱솔루트 수능대비 영어독해 기출분석] 2019~2021학년도

Listening

- Listening 공감 1~3
- The Listening 1~4
- 넥서스 중학 영어듣기 모의고사 25회 1~3
- 도전! 만점 중학 영어듣기 모의고사 1~3
- 만점 적중 수능 듣기 모의고사 20회 · 35회

TEPS

- NEW TEPS 입문편 실전 250⁺ 청해 · 문법 · 독해
- NEW TEPS 기본편 실전 300⁺ 청해 · 문법 · 독해
- NEW TEPS 실력편 실전 400⁺ 청해 · 문법 · 독해
- NEW TEPS 마스터편 실전 500⁺ 청해 · 문법 · 독해